JN076381

ロスジェネ世代の逆転起業法

あなたに合った起業が分かる教科書

【著者】
井谷衣里
合同会社ブライトシーン 代表

はじめに

近年、起業へのハードルは下がってきています。国も自治体も、起業を志す人の支援を行っています。また、ＩＴにより起業に必要な情報も、簡単に調べることができるようになりました。

しかし、実際に起業に踏み切る人は少なく、さらに起業し成功をつかめる人はごく一部です。これは起業するために本当に必要な情報に、多くの人がアクセスできていないことが原因ではないでしょうか。多くの人が成功した経営者の経営哲学などの本を読み、自分を重ね合わせることで成功を夢に見ます。ところが、実際に起業をしてみると、様々な困難に直面し、理想と現実のギャップに心が折れてしまうのです。

以前私は、ある企業を立ち上げ、世間的には成功したと言われています。そのため、起業を志す人、さらに起業したけれど、問題に直面してどうすればいいのか途方に暮れている人、そんな人たちからの相談を受けることがよくあります。そうした人たちに、企業経営で得た経験を話させていただくことがあるのですが、「本当に必要な情報」を知らない、知っていてもその重要性を理解していない、からこその単純な認識不足ということも多いですね。起業する前でしたら、そこからでも挽回は簡単です。しかし起業した後では、多くの時間やお金を失ってしまいます。

必要な情報さえしっかり把握していれば、起業はそこまで大変ではありません。しかし、知っておかなければいけないことを、しっかり踏まえて起業しないと、結果は見えています。だからといって、情報や知識を集めるだけでは非効率的です。だからこそ、必要な情報と不要な情報をしっかりより分けていかなければなりません。この必要な情報を選ぶ、というのは、経営の経験がない人にとっては、意外と難しいもの。そこで、私がこれまで経験してきた中で得た、起業を志す人にとって、必要な情報をお伝えしたいと考え、この本を執筆しました。

起業という選択肢があれば、金銭面だけでなく人脈面でも精神面でも、より豊かな人生を送ることも可能です。起業という選択肢を手に入れ、人生の彩をより豊かにして欲しいと考えています。

《目次》

第一章

起業で手に入れる豊かな人生とは

【1】人生を自分でコントロールするために

日本型労働環境の代名詞であった終身雇用制。新卒から定年まで、同一の企業で継続的に雇用されるのが当たり前でした。そのため一人ひとりの社員も、社内での出世だけを目標に努力すれば良い、という状況が長らく続いていたのです。この終身雇用制は日本の労働力流動化を阻む要因として挙げられていますが、一方で時代にマッチしたものであったのも事実です。

終身雇用の原型が生まれたのは、大正時代から昭和初期だと言われています。それまでは高い技術を持った人は、より良い待遇を求めて職場を渡り歩く、というのが一般的でした。これは今でも、料理人が包丁一本で様々な厨房を渡り歩き技術を磨く、というスタイルと似ていますね。しかし雇用する側の企業からすると、熟練工が定着せず、採用コストが増大する、という面がありました。今のようにネットを使って気軽に全国規模で採用を行うことができなかったこの時代は、人を雇うには人脈、いわゆるコネを頼らざるをえなかったのです。そこで大企業などは定期昇給制度や退職金制度、さらに年功序列などを導入し、長期雇用を目指しました。

これが第二次大戦後の高度経済成長期に、企業は競争力強化を目的に優秀な人材を囲い込むため、新卒一括採用や年功序列を前提とした終身雇用制が一気に広がっていったのです。しかし終身雇用は右肩上がりの経済を前提としています。定期昇給や年功序列とセットとなっているため、長期雇用は人件費を圧迫します。また、年功序列で自動的に管理職に、となってしまうと企業規模が縮小すれば管理職だらけで現場のスタッフが足りなくなり、構造がいびつになってしまいます。日本はバブル崩壊、失われた20年と言われるように長期の経済的な低迷が続きました。大きなプラス要因でもなければ、この先日本はバブル期以前のような大きな経済成長は見込むことはできないでしょう。

つまり日本では、構造的に終身雇用を維持し続けることは非常に困難なのです。しかし、日本人、特に若い世代は終身雇用を求める人が殆どです。連合が「学生を対象とした労働に関する調査」（調査期間：2022年10～11月、対象：学生（高校生、高専生、大学生、専門学校生、短大生、大学院生）の男女、有効回答：1000名）の集計結果を公表しましたが、この中で「卒業後に就職した会社で定年まで勤め続けたいと思うか」と聞いた結果では、「勤め続けたい」と回答した者の割合は77．1％と約8割にまで達しているのです。

他方、企業側の思惑は異なるようです。バブル崩壊まえの1990年、20・0％だった非正規社員の割合は、コロナ前の2020年には37・8％と、ほぼ倍増しているのです。一般的に、社員数100名。正規社員率100％の企業が、その割合を50％にまで落とせば、人件費が約1億円削減されると言われており、現在の不況下では残念ながら今後も非正規化の流れは変わらないでしょう。

直近の雇用状況について見てきましたが、もっと雇用が破壊された世代があることをご存知でしょうか。バブル崩壊直後の1991年から約10年の所謂「失われた10年」のあいだに就職活動をした現在、40代後半から50代前半くらいまでの人たちです。「ロストジェネレーション世代（略して、ロスジェネ世代）」、「就職氷河期世代」、「不遇の世代」などの呼称で耳目にした方も多いのではないでしょうか。この世代は第二次ベビーブーム世代でもあったことから人口ボリュームも非常に大きく、ただでさえ様々な場面で厳しい競争を強いられたにも関わらず、バブル崩壊の余波をもろに受け、多くの企業が不良債権の整理に追われ新規採用をする余裕のない時期に大学卒業のタイミングを迎えたため、正社員として入社すること自体極めて困難で、非正規で働かざるを得なかった人が激増したのです。このロスジェネ世代は、その後一時的に景気が立ち直った際にも、日本企業に根強く残る新卒信仰に邪魔され、今もなお非正規の状態が続いている人が多いのです。

続く現在20代から30代前半の人たちは、安定志向が強く、逆に終身雇用を求めている人が多くなってきています。実際、企業でも約半数は終身雇用を標榜しています。もっとも、実現できているかどうかは別として、という但し書きがついてしまいます。そもそも終身雇用制が維持できる時代なのでしょうか。

注目したいのが、副業の解禁です。近年、大企業の中で副業を解禁し、労働時間外に他の会社の業務に従事することができる所が出始めています。もちろん副業解禁には企業としても様々なメリットがあります。例えば、副業で培った経験や人脈は、所属している企業の利益に還元することができます。また、他の企業に人材をとられるくらいなら、副業として認め優秀な人材の流出を防ぐことができます。こうしたプラス面だけ見れば、副業解禁は非常に良いことのように思えます。しかし、終身雇用制の元に存在していた「社員は安定している」という立場を大きく崩すものでもあります。

現在、こうした副業解禁を行っているのは大企業が中心です。規模の大きな企業は、社員の給与水準も高く、成長を促すことで受けるメリットは大きいでしょう。しかし日本の大部分を占める中小企業からすれば、この副業解禁はもっと大きなメリットを受けることになります。それは、社員を1つの企業で養わなくても良くなるからです。終身雇用と定期昇給はセットですが、先ほども述べたようにこれは経済的な拡大が前提となっています。企業が成長できない状況下では、定期昇給を続けると人件費の負担が拡大を続け、どこかで破綻、つまり倒産を迎えてしまいます。一つの企業で従業員の人生を支えることが難しくなっているのです。しかし副業解禁は「収入を増やしたければ副業を」となります。この副業解禁は、一見労働者側に大きなメリットがあるように思えますが、企業側から見ても、労働者に対する責任の軽減というメリットがあります。従業員の人生を守る、という終身雇用の意義が大きく変化しているのです。

こうした動きを国も積極的に後押ししています。厚生労働省は平成30年、モデル就業規則を改定し、労働者の遵守事項の「許可なく他の会社等の業務に従事しないこと」という規定を削除。同時に、「労働者は、勤務時間外において、他の会社等の業務に従事することができる」という副業・兼業についての規定を設けました。また、同じく厚生労働省は「副業・兼業の促進に関するガイドライン」を公表。副業・兼業する人が安心して働ける環境整備を進めています。

労働者側からすると、選択肢が増え、メリットも大きいように思えます。ただ、こうした動きは「会社員だから安定した人生を送れる」、という時代が終わりつつある、ということでもあります。リストラなどの言葉が社会に定着し、早期定年退職などを制度として設ける企業も増えています。そのため漫然と会社員生活を送っていると、いつ何時その道が途切れるかわからないのです。副業・兼業はこうしたリスクを大きく減らすことができます。それでも問題は残ります。それは「自分でコントロールできない」ということ。どんな大企業であっても、ちょっとしたトラブル・不祥事で倒産する、というリスクは高まっています。しかし一会社員では状況に振り回される他ないのです。

では個人は、運命に翻弄されるだけなのでしょうか。それに対する回答の一つが「起業」です。一見、リスクの高い選択のように思える起業ですが、リスクをコントロールできる、というのが会社員と大きく異なる点です。自分の人生を賭け、ハイリスク・ハイリターンの勝負に出るのか。それとも、会社員と兼業しながら、リスクを抑え利益を出していくのか。自分で人生を選択できるのです。

会社員といえども必ずしも安定を得られなくなったこの時代だからこそ、起業という選択肢があることを意識する必要があるのではないでしょうか。

【2】起業の仕方は一つじゃない

これからの時代、会社員は必ずしも安定しているとは言えません。だからといって、起業もリスクはつきものです。ただ、ビジネスを立ち上げることは、リスクをマネジメントすることができ、自分の人生をコントロールすることも可能です。そこで起業を人生の選択肢として捉えることで、視野を、そして可能性を広げることができます。ただ起業を検討するにあたって「様々なやり方がある」ということを念頭においておく必要があります。

ちょっと前までは、起業は人生において大きな勝負、でした。人生をかけ、一度作った会社は守り続けなければいけない、という意識の方が多かったですよね。まさに人生の一大プロジェクト。高齢の経営者などは、自分の会社を人生の集大成、などと表現する方もおられます。そうした意識を持って起業することは間違いではありません。ただ、近年では「それだけではない」のです。

先ほど少し触れましたが、副業・兼業の解禁が進んでいます。会社員をやりながら別に仕事を持つことは、今後は当たり前になってくるでしょう。そうなってくると、平日は会社員、週末は自分の会社を経営する、というやり方もできます。他にも、昼間は会社で働き、夜はパソコンを使って自分の会社の仕事をする。ちょっとしたすきま時間にビジネスを、ということも可能です。もちろん今の仕事を辞め、全精力を使って会社経営に集中する、ということもできます。近年では主婦が子育ての合間の時間を縫って会社経営をして活躍している方もいます。会社経営のイメージというと、従業員を雇って、オフィスや店舗を借りてというのが一般的ですが、それだけではないのです。極端な話、今ではパソコン一台あれば、新たなビジネスを生み出すことができるのです。何が言いたいかというと、自分のライフスタイルに合わせて起業できる、ということ。世間一般のイメージではなく、自分に合った起業を選択していただきたいですね。

特に貯蓄が少なく最初は少ない元手で起業をしたい方、リスクを最小限に抑えたい方などは、小さくビジネスをスタートさせ、状況を見ながら順次拡大をしていく、というやり方です。以前話題になったＳＯＨＯという言葉があります。これはスモールオフィス・ホームオフィスの略で、小さな起業を表す言葉でもあります。人生のすべての資産・資本を起業にオールインさせることは確かに「選択と集中」といった意味では効果的です。しかし社会情勢が不安定で、変化の激しい経済情勢下では、やはりリスクは抑えたいところです。

これを実現させるための環境も、近年では充実してきています。ＳＯＨＯというと、自宅でビジネスをスタートさせるイメージもありますが、最近だとレンタルオフィスなどもあります。こうしたサービスを使えば、初期費用をぐっと抑えることができます。また、ＩＴ環境も充実してきています。特に会計ソフトなどは非常に進化が速く、日々の経理などは自分で会計データを入力することができます。税務申告などは税理士などの専門家に頼んだ方が良いのですが、データ入力などを自分で行うことができれば、ぐっと費用を抑えることができます。また、重要な管理業務も様々なソフトが出ているので、本来であればコンサルタントなどの専門家にお願いする部分を、大幅に減らすことができます。

このあたりの費用のかけ方についても、自分のスタイルで選択することができるのです。不慣れな分野の勉強に手間や時間をかけるより、多少お金がかかってもいいというのであれば、専門家に依頼するのもいいでしょう。逆に初期費用をかけたくない、他に初期費用をかけたい分野があるという場合には、手間や時間を惜しまず自力でやるのもいいでしょう。手間や時間と費用を勘案し、その折衷案を採ることだって出来ます。出来るところ、あまり手間や時間がかからないところは自分でやり、難しいところだけ専門家に依頼する。あなたのスタイルや資金に合わせて選択することが可能なのです。

もう一つ、触れておきたいのがゴールをどこに定めるか、です。起業というと会社を大きくして自分の人生を注ぎ込んだライフワーク、というイメージがありますが、それだけではないのです。実はビジネスには旬があり、それに伴い企業にも寿命がある、という説があります。帝国データバンクのデータによると、起業から倒産まで、平均で37.5年としています。こうしたデータを元に、「会社の寿命30年説」などがまことしやかにささやかれています。30歳前後の若いうちに起業すると、半分以上が60歳前後までしかもたない、ということになってしまいます。この数字は倒産までの数字であり、会社が正常に成長し、成り立っている時間はもっと少なくなります。もちろん継続的に安定した経営を続け、子や孫の代まで引き継がれるビジネス、というのもあります。しかし経営を取り巻く環境の変化が激しい近年では、どんなに優れたアイデアをビジネスにしても、ある程度の時間が経てば陳腐化したり、状況が変化し、成長は鈍化してしまうのはやむを得ないでしょう。

そのため、自分の一生をかけて起業をするだけでなく、ある程度のゴールを定めて、そこに向けて計画をあらかじめ立てておく、というのも一つの手です。例えば副業的に起業をし、自分一人の手に負えないほどに成長した段階で事業を売却し、また新たな副業を見つけ起業する、などといった選択肢も取れるのです。

起業はこうでなければならない、こうするのが正解だ、というものはありません。自分なりの起業の在り方を探すのも、スタート段階における大事な一歩目なのです。

【3】あなたはどんな起業をするべきか

では具体的に、どんな人がどんな内容で起業するべきなのでしょうか。

私は二つの点を考えることをお勧めしたいと思います。一つはあなたがこれまで培ってきた資産を活かすやり方。

もう一つは社会のニーズに沿ったやり方、です。順番に説明していきましょう。

まず資産を活かしたやり方、です。これは何も「お金」のことだけを言っているのではありません。起業における資産というと、資本金を思い浮かべる方が多いでしょう。もちろん十分な資金をもって起業すれば、成功率は高まります。起業後の経営に余裕が生まれ、様々な展開も可能となり、リスクヘッジを行うことで経営を軌道に乗せやすくなります。しかし、資産はお金だけではないのです。例えば「人脈」。普通に生きていればなかなか接する機会のない人と知り合いで、気軽に頼み事ができる。そのような人脈を持っていれば、起業する上でその人の協力を得て、他の人が真似できないビジネスを生み出すこともできます。他にも「経験」や「スキル」などもそうですね。価値ある経験やスキルはそのまま仕事に直結させることができます。高度なプログラミングスキルを持っていれば、それだけで独立し、起業することができます。

ただ、この経験やスキルは何も、ビジネス分野である必要はありません。言ってしまえば「趣味」の分野でもいいのです。例えば家庭菜園で野菜を作ってきた経験がある。模型を作って人から譲ってくれと頼まれたことがある。そのような趣味を持っている人は、そうした経験は、起業への大きなヒントとなります。実際、近年では農家というほど大きな畑を持っているわけではないけれど、家庭菜園レベルの小さな畑で高品質な作物や、他ではなかなか手に入らない希少な野菜を収穫し、フリマアプリやオークションサイトなどで販売し、着実な経営を続けている人もいます。また、熱帯魚飼育などで経験豊富な人が、近年人気の高まっているメダカの飼育などを行い、それを繁殖させてネット販売して大きな利益を得ている人もいます。こうした例は非常に多く、成功率も高いですね。

逆に、注意したいのが経験も知識もない分野に、いきなり挑戦することです。近年は情報があふれていて、儲かりそうなビジネスのネタはそこかしこに落ちています。それらは甘い罠です。本来であれば、豊富な経験やスキルに裏うちされた能力があってはじめて成功しているビジネスでも、苦労する部分はあまり表に出ないことも多いのです。その分野の経験を持っているのであれば、実体はどうなっているか推測できるのですが、経験のない人は良い部分だけを見て、自分も成功できるのではと安易に一歩を踏み出してしまうのです。

もう一つが、社会のニーズです。これは店舗を出したらどれくらいの集客が見込めるか、ネットでどれくらいのペースで商品をさばけるか、といったマーケットにおけるニーズとは違います。もちろんそれも重要なのですが、それらは状況によって変化します。どこかで変化が生じれば、マーケットのニーズは１８０度ひっくり返ることも。だからこそ、社会におけるニーズ、つまり社会から求められる存在になれるかが、重要になってきます。

１年だけ儲けてさっさと商売をたたんで売り抜ける。そうした商売でない限り、ある程度の期間は継続してビジネスをすることになります。この継続性のカギを握るのが社会のニーズです。環境や社会問題など、社会のニーズが高いものをテーマに挙げ、これを解決するようなものなどは、社会的起業としてクローズアップされています。これなどはまさに社会のニーズが高いビジネスといえるでしょう。そこまでいかなくても、人々の生活を豊かにするものや、社会に利益が還元されるようなビジネスは、やはり成功する確率が高いようです。これは一過性のニーズと違って、普遍的な価値観です。そのため社会情勢が多少変化しても、求め続けられるビジネスになりえるのです。

【4】会社の作り方

自分に合った起業はどのようなものか、考え、それである程度の目途が立ったら実際に会社を作っていく手続きなどを行うことになります。では具体的にどのようにすれば、会社を作ることができるのでしょうか。いろいろな種類の会社があり、それらをすべて説明するとかなり長くなるので、ここでは株式会社設立までの流れをざっと追ってみることにしましょう。

まず必要なのが、どのような会社を作るか、を決めていきます。これらは会社を設立する際に必要な「定款」を作成する際に必要になってきます。まずは会社の目的、つまりどのようなビジネスをするのか、ということ。会社で行うつもりの事業を決めましょう。これは一つである必要はありません。後になって定款を変更するのはたいへんですが、とは言え行う予定のない事業を書くと取引先や取引金融機関から、何をやる会社か理解されにくくなるので、必要な事業をしっかり決めておきましょう。

次に決めるべきは商号、つまり社名です。自分が使いたい言葉などがあれば、それを一度ネットなどで検索しておくと良いですね。有名企業や競合会社、商標権を侵害するような商号でないか、確認しておくと良いでしょう。

定款には、必ず書かなければならないものが5つあります。目的、商号以外にも、

①事業の目的
②商号
③本社所在地
④資本金額（出資財産額）
⑤発起人の氏名と住所

こうしたことを定款に記載する必要があります。これらは書き方などが決まっているものもあり、間違いがあると後々大きな問題に発展することもあります。しっかり調べて慎重に作成すれば、自分で作成・手続きをすることもできますが、可能であれば行政書士、司法書士、弁護士といった専門家に一度チェックしてもらうといいでしょう。

こうして作成した定款を、公証役場で公証人に認めてもらう、つまり認証を受ける必要があります。認証をもらうには、

①定款3通
②発起人（設立者）の印鑑証明
③収入印紙（4万円分）
④認証手数料（6万円）
⑤定款の謄本交付手数料（1ページにつき250円）、代理人が申請する場合は委任状などが必要となります。また、電子データで認証を受ける電子定款の場合は、収入印紙代4万円がかからないので、少しお得ですね。

定款についてある程度決まったら、次に考えるべきは資本金です。

資本金は起業する際の「元手」となるもの。出資㋐社が出したお金の合計が資本金となります。一人で会社を設立するのなら、自分が準備した自己資金が資本金となります。

注意したいのが銀行等の金融機関からの融資です。こうした返済義務のある借入金は資本金には含めることができません。この資本金ですが、上限も下限もありません。以前は、株式会社は1000万円以上、有限会社でも300万円以上となっていましたが、現在では1円からでも株式会社を作ることができます。

この1円株式会社は話題になりましたが、ほとんどの場合は選択すべきではないでしょう。資本金＝信用力という面があり、1円株式会社は金融機関から一切融資を受けず、取引会社などもなく、ほとんどの部分で自己完結できるような会社でなければ、なかなか成り立たないのです。また、資本金は会社設立準備から経営を軌道に乗せる段階までの資金となるもの。そのため、ある程度、目的に沿った金額設定を行わないと、対外的な信用を失ったら、事業をそもそもスタートさせることも難しくなってしまうのです。

では実際、いくらくらいの資本金を準備するべきなのでしょうか。これは選択した会社のスタイルによって変わってきます。例えば、しっかりしたオフィスや店舗を借り、デスクやパソコンを準備し、ビジネスを行う上である程度の量の仕入れを先に行う必要がある場合は、資本金を多く用意する必要があります。しかし、小規模でスタートさせ、ビジネスは自宅のパソコンだけで行う、といった場合は、資本金は少なくても大丈夫でしょう。基本的には初期費用に加え、３ヶ月ほどの運転資金を資本金として準備しておくと良いでしょう。

一応、目安として全産業の資本金の平均は３００万円前後と言われています。また、その分布を見てみると３００～５００万円の層と１０００万円～３０００万円の層が多くなっています。家族経営や個人のビジネスで起業した人は３００万円程度、人を雇ってある程度の組織を作るのであれば１０００万円程度が必要、とみることができます。また、ＩＴ関係や福祉関係の企業は３００万円以下の資本金というところも多く、全体の5%程度あります。特にＩＴ関係でパソコン一台で一人で独立・起業する場合、30～50万円という人も多いですね。ただこの資本金だと融資などを獲得するのが難しくなってくるため、将来ある程度の規模に拡大することを考えているのであれば、やはり

100~300万円程度の資本金を準備しておいた方が良いでしょう。

この資本金を銀行の口座に入金し、通帳をコピー。払い込み証明書を作成し、登記を行うことで、会社を立ち上げることができます。こうして書くと、手続きなどは煩雑で、書類などをいくつも作らなければならず、起業をするのはたいへんだ、と思う方も多いのではないでしょうか。ただ、近年では起業を志す人を支援する仕組みが充実していいます。これは国が行うものもあれば、地方自治体が独自に行っている者もあります。特に地方では、地域の経済活性化のために起業家の支援に力を入れているところも多いですね。こうした公的サービスをしっかり活用したいところです。

例えば千葉県では、創業支援に関する相談や情報提供などを行っており、条件などもありますが登録免許税の軽減や、日本政策金融公庫などによる融資の際の要件が緩和されていたりもします。また、新潟市では、実際に起業をしている人をメンターとして紹介し、経験などを直接聞く機会を作ってくれる制度などもあります。他にも創業補助金という創業時に必要な経費の一部を、国や地方公共団体が補助してくれる制度もあります。これは一定の条件で返済不要という大きなメリットがあります。他にも、小規模事業者持続化補助金やものづくり補助金、事業承継補助金、キャリアアップ助成金、さらに地方自治体の行う補助金・助成金、政府系金融機関や公益財団による補助金・助成金など、様々な補助金・助成金があります。うまく活用できれば、最初のステップをスムーズに乗り越えることができます。

さらに手続き面で不安な方は、少々お金はかかりますが、専門家に外注するとやはり安心です。税理士事務所の中には、創業・起業支援を専門に行っているところもあり、行政書士や司法書士と連携を取りながら定款作成や最初の段階での資金繰りの相談に乗ってくれたり、起業後の経理や税務申告なども併せて頼むことができます。起業後、税務申告は必ずやってきますし、ほとんどの場合は税理士を通すことになるでしょう。そのため最初の段階から、税理士などの支援を受けることは、かなりのメリットがあると言えます。

国・自治体別起業支援

起業するにあたり、国や都道府県の起業支援を活用したいと思っている方も多いでしょう。

ここでは、中小機構（独立行政法人　中小企業基盤整備機構）、及び厚生労働省、内閣府地方創生推進事務局をご紹介します。

ご自身の居住地は勿論ですが、どうせ起業するなら敢えて「支援制度が充実している自治体で起業する」という視点で起業する場所を選択するのもアリでしょう。

【中小機構】

47 都道府県の起業支援策が確認できます。

【厚生労働省】

40 歳以上の起業支援策です。

【内閣府地方創生推進事務局】

東京圏外の起業支援策です。

業種別開業資金一覧

起業するにあたって、どのくらいの資金が必要なのか知りたい方も多いと思います。今回は、お付き合いのある税理士さんにお願いして目安となる金額を出してもらいました。しかし、下記はあくまで平準的なものです。目安として参考としてください。

◆『Ｕｂｅｒ、出前館』………１万円～

開業に必要なものが専用のバックくらいしかなく、非常に安価で始められる事業の一つと言えるでしょう。自前の自転車、バイクなどがない場合、その金額が追加で必要です。

◆『ネットショップ』………10～100万円

パソコンひとつで始めることも可能です。すでにパソコンがあれば、商材の仕入れ値ほどしか必要とせず、これもまた起業するには非常にハードルが低い事業と言えるでしょう。

◆『便利屋』………50～100万円

技術や知識さえあれば、チラシやネット広告など集客費用だけで始めることができ、これも起業のハードルが低い事業と言えるでしょう。フランチャイジーとして活動している経営者も多いです。

◆『キッチンカー』………50～300万円

すでにお持ちの軽トラックなどを活用するのであれば、比較的開業資金を安く抑えることも可能です。軽トラを購入するのであれば、200～300万円が目安となるでしょう。

◆『ネイルサロン／エステサロン』………100～300万円

これは、テナントと内外装にいくらかけるか次第です。

居抜きであれば安く始められますが、立地や内外装に拘れば300万円を軽くオーバーするでしょう。そのため、最近ではマンションの一室を活用したり、出張を専門とする経営者も多いです。

◆『カフェ』………100～1,000万円

これもテナントと内外装次第です。

居抜き物件（元もカフェで食器類も揃っている物件もあります）なら安く抑えることも可能ですが、立地や内外装やエスプレッソマシーンなどに拘れば、1,000万円オーバーも十分にあり得ます。

◆『学習塾』………100～1,000万円

テナント次第です。

あとはフランチャイジーか個人塾かによっても変動するでしょう。

◆『飲食店』………100～1,500万円

テナント、内外装によります。特に立地をどうするか、居抜きかどうか、内外装をどこまで手を付けるか、食器類にいくらかけるかで大きく開業資金は変わってきます。

◆『（実店舗型）ショップ』………300～1,000万円

テナント、内外装によるところが多いです。

しかし、ネットショップと異なり、立地が極めて重要で、かつ在庫をある程度持っている必要もあり、各段に費用がかかります。

◆『美容室』………500～3,000万円

テナント、内外装に加え設備によって大きく異なります。

しかし、他の業種に比べ雰囲気づくりが必要なため内外装に費用が掛かりがちなうえ、美容室には特殊な設備が必要なため、開業のハードルは高めと言えるでしょう。

第二章

失敗に学ぶ起業

【1】成功ではなく失敗にこそ学ぶ価値がある

起業をしたい、という人がどうやって経営を学べばいいのでしょうか。世の中にはいわゆる「成功者」の経営哲学について書かれた本が大量に並んでいます。そうした本を手に取って、熟読している方も多いのではないでしょうか。確かにそうした本から得られる気づきや、学べる智恵も多いでしょう。ただ、それらは起業においては役に立つ部分というのが、少ないのが事実です。

松下幸之助や稲盛和夫など、経営の神様といえる人たちの言葉は、非常に魅力的に映ります。彼らの経営に関する格言の多くは含蓄があります。ただ、その多くが起業を志す人には当てはまりません。なぜなら、あまりにも環境が違うからです。例えば、松下幸之助の言葉に「商売とは、感動を与えることである」などがあります。こうした言葉は、心にとめて置き、起業した会社の大きな方向性としては間違いではありません。それどころか指針となる言葉です。しかし起業する前段階で、あまりにもそこに捉われてしまうと、身動きが取れなくなってしまいます。大勢の社員を抱え、世の中に大きな影響を及ぼし、社会的責任を負うべき企業のトップがその成功について語った言葉は、これから起業する段階の人には重すぎるのではないでしょうか。

さらに付け加えるのなら、置かれている環境があまりにも違います。戦後、社会が大きく発展していく中で、企業を発展させてきたことは価値あることです。しかし現在は、日本という国自体が高度経済成長から安定期となり、社会全体が大きく飛躍するような状況は難しいでしょう。世の中の仕組みが複雑になり、情報が光の速さで行き交う中、企業が選ぶべき方向性もまた異なってくるのです。さらに言うなら、大企業に勤め、経営に近い層にいる人にとっては、その言葉は大きなよりどころになるでしょう。しかし小規模で起業する人にとっては、その言葉を当てはめるのはあまりにも状況が違い過ぎるのです。そのため大企業を成功に導いた人の経営論は、これから起業する人にとっては、当てはまらないことが多いのです。

では、過去の様々なケースから学ぶことは無駄なのでしょうか。いいえ、違います。成功を「真似」するのではなく、成功した事例を参考にするのは大切です。成功は成功者からしか学べないのです。しかし、前述のとおり、あまりにスタート段階での環境や資金、ターゲット、業種等が異なる人から学ぶのは、脳内変換する必要があるので困難です。できるだけスタート段階での環境等が近しい成功者から学ぶ必要があります。

それと同時に、実は成功ではなく「失敗」からこそ得られるものも多いのですね。成功とは細い道です。そこにいたるルートはいくつもあり、これこそが正解、というものはないでしょう。同じことをしても、成功する人と成功できない人がどうしても生まれてしまいます。つまり、成功した人の道をたどっても、必ず成功することはできないのです。ただ、失敗は違います。失敗した人と同じ行動をすれば、ほとんどの人が失敗します。つまり失敗した事例を学ぶことで、確実にリスクを減らすことができるのです。つまり失敗したケースは、避けるべきノウハウが詰まっているのです。

古いデータですが、2006年の中小企業白書によると、起業した企業の1年後に残っているのは72%です。つまり起業した人のうち10人中3人は、翌年には廃業しているのです。3年後になるとこの数字は50%に、5年後には40%になっています。もちろん廃業する理由は様々です。しかしその多くが、同じような理由で失敗していることが多いようです。つまり、事前に「こうしたら失敗する」というのをしっかり認識し、避けておけば、避けられたかもしれません。

ここからは、よく失敗する起業のケースを見ていきましょう。

【2】男の夢が詰まったラーメン屋はなぜ失敗するのか

近所にラーメン屋ができたけど、数か月も経たないうちにつぶれていた。そんな記憶がある方も多いのではないでしょうか。実際、ラーメン屋ほどできてはつぶれ、つぶれてはできる、といったものも少ないのではないでしょうか。同時に、これを読んでいる方の中でも、ラーメン屋として起業したい、と考えている方もおられるのでは？

私自身、ラーメン屋の起業について、何回か知人から相談を受けたことがあります。そこでのアドバイスは「相当慎重に進めたほうがいい」というものでした。ラーメン屋は起業に関するノウハウがある程度決まっているため、簡単に開業することができます。しかし、その後の維持・継続が非常に難しいのです。理由として挙げられるのが、競争率の高さです。

ラーメンは国民食と言われるほど、日本人にとっても馴染みのある料理です。身近であり、消費量も多い。需要は非常に高いのですが、同時に供給する側も非常に多いのです。ちょっとした繁華街に行けば、必ずラーメン屋が数件はあります。ラーメンが食べたい、という人々は多くの選択肢の中から、自分のお気に入りの店に足を運ぶことになります。つまり選択は消費者にゆだねられている、ということ。

この消費者にとっての選択肢の多さ、がラーメン屋の経営を難しくしています。これは先ほど挙げたように、開業のしやすさ、にも原因があります。20代～30代でも、開業し、成功者になれる。そこには学歴も関係なく、腕だけでのし上がることができる。さらに他の料理に比べると、ハードルが低そうに見える……。そうした様々な理由から、開業を目指す人が非常に多く、同時にそれが容易に叶えられてしまいます。

マーケティング用語でレッドオーシャンという言葉があります。これは「競争が激しい既存市場」を指す言葉です。競合がひしめき合い、まさに「血で血を洗う真っ赤な海」の市場なのです。常に客を奪い合い、ちょっと気を抜けば大きく後れを取ってしまう。

ラーメン屋業界は、そんな競争が激しいレッドオーシャンなのです。

　また、ラーメン屋の経営を難しくしているのが、流行です。ちょっと前まではこってり味の豚骨ラーメンが流行ったと思えば、すぐにつけ麺がブームに。さらに端麗鶏白湯が……、といった具合に10年で何度もブームが起きます。これに対応するためには、どんどん品数が増え、新たなメニューを考案しなければなりません。もしくはブームに負けないだけの魅力のある商品でなければならないのです。こうした事情をしっかり認識している人がどれだけいるでしょうか。

「ラーメン屋は経営が難しいよ」と忠告すると、中には「自分は○○（有名店）で修行してきたから大丈夫」「自分の作るラーメンは近所のラーメン屋より絶対美味い」と自信をもって答える人がいます。実はそういう人こそ、ラーメン屋を開業してすぐに潰してしまう人なのです。注意したいのは、美味しいラーメンを作る能力と、繁盛するラーメン屋を経営する能力は、まったく別物だ、ということです。

　ラーメン屋に限らず、店舗を経営する上で大切なのが、数字の感覚です。開業資金にいくらかかって、その減価償却はどれくらい見込んでいて、開業後の食材の原価はいくらで人件費はいくら、店舗の地代はいくらといったランニングコストから、集客はどれくらい見込めて、どれくらいの回転率があるか、ラーメン一杯当たりの売上と粗利、それで最初に投資した資金をどれくらいのペースで回収していくか……。ラーメン屋の経営は非常にシビアです。有名店であっても、数円の原価を削るため、アルバイトの管理等で人件費削減をいかに進めるか、など、コスト管理に血眼になっています。有名ラーメン店で修業する人たちの多くは、美味しいラーメンの作り方は習っても、こうした「経営」の部分についての知識が欠けている人が非常に多いのです。その結果、開業したラーメン屋の半分は、半年で撤退する羽目になってしまうのです。

【3】理想の詰まったカフェはなぜ失敗するのか

20〜30代の男性が目指すことの多いラーメン屋に対し、女性が目指すことの多いのがカフェです。自分のお気に入りの空間を作り、その中でカフェを提供する。それは女性にとって一つの憧れでもあるのでしょう。ただ、このカフェ経営も非常に難しいものの一つです。

カフェ経営の難しい点として真っ先に挙げられるのが、開業へのこだわりです。店舗経営で開業資金を大幅に倹約する方法として、居ぬき物件の活用があります。居ぬき物件とは、以前店舗を経営していた物件をそのまま活用することで、設備、家具、調度品などを流用する方法です。飲食店では、調理設備や排気ダクト工事などの初期設備設置に大きな金額がかかります。そのためカフェ経営においても、イスやテーブルなどの家具や、キッチン設備、カウンターなどがすでにあり、そのまま活用できるというのは大きなメリットです。また、改装期間中でも家賃が発生する訳ですが、その期間を短縮することができるので、居ぬき物件というのは非常に有利なのです。

しかし「こだわりの」カフェを経営したいという方は、この居ぬき物件を選択することはあまりありません。なぜなら、自分の理想とするカフェを作るためには、一からテーブルやイスを揃え、カウンターや調理器具なども自分の思ったように揃えたいからです。つまり、そうした彼女たちの中では、自分の理想を作ることが「主」であり、カフェの経営は「従」なのです。

とはいえ、実際にカフェを創り上げ、開業すると、そんなことは言っていられません。

コーヒー一杯でもらえる金額はたかが知れています。客単価は安く、利益を出そうと思ったら薄利多売にならざるを得ません。しかし落ち着ける空間であればあるほど、客の回転率は低下してしまいます。これを食い止めるために、料金の値上げをしたり、材料をケチってしまったりして味が落ち、評判が悪くなり、閉店ということも多いですね。

また、先に指摘したようにこだわればこだわるほど、初期投資は膨れ上がってしまいます。コーヒー一杯の利益はいくらだと思いますか？ 粗利を２００～３００円確保できればかなり多い方でしょう。しかし初期投資で数百万円かけてしまえば、それを回収するまでにどれくらい時間がかかるでしょうか。この初期投資を自分の貯蓄等の自己資金ですべてまかなえているのなら良いのですが、金融機関からの借り入れなどをしていると、相当に厳しくなります。駅前の繁華街などであれば、入れ代わり立ち代わり客は入るでしょう。しかし住宅街などでひっそり開業するようなカフェは、一時間に２～３組入れば良い方、といったことも多いですね。１日に10組程度、売上２万円程度ではとてもじゃないけど初期投資を回収するどころか、月々のランニングコストをまかなうだけで精いっぱいです。そこに金利が加わってしまえば、首が回らなくなってしまうのです。

もう一つ、カフェの経営を難しくしている要因が、立地が大きな影響を与えることです。住宅街でひっそり回転しているようなカフェでは、客の入りが限定されます。売上はそこまで気にしない、趣味の店、というのであれば良いかもしれませんが、しっかりと利益を出していこうとすれば、やはり人通りの多い駅前や、大規模商業施設の周辺、交通量の多い大通り沿いなど駐車場をしっかり設けて……、となってしまいます。そうした不動産を自己物件として所持していれば良いのですが、そのような人は少ないでしょう。そうなれば賃貸となり賃料が発生します。良い物件であればあるほど、賃料は高くなってしまいます。これが多店舗で経営を行い、トータルで利益を出す、といった大規模チェーン店などであれば話は別ですが、一つの店舗で利益を出していかなければならない個人店舗の場合はかなり厳しくなってしまいます。

さらにカフェは長時間開店していることが多いです。モーニングなどを出すとなれば早朝から準備が必要ですし、それを行わない場合でも朝10時から夜8時までだとしても10時間。アルバイトなどを雇うと人件費が必要となりますし、一人でやるにはかなり体力がいります。

様々な要因をバランスよく取捨選択しなければならないのですが、自分の理想が足を引っ張ってしまい、バランスを崩した結果、閉店に追い込まれてしまうことが多いのです。

【4】こだわりの詰まったそば屋はなぜ失敗するのか

ラーメン屋やカフェは、若い人に人気がありますが、年齢層の高い人に人気があるのがそば屋の開業です。一時期、脱サラしてそば屋を開業する人が多かったのですが、今でも退職金を開業資金にしてそば屋開業を目指す人は多いですね。そして、その多くが数年も経たずに閉店してしまいます。その理由は何でしょう。

ラーメン屋でも触れましたが、美味しいものが作れるのと、経営ができる、というのはイコールではないのです。そば打ちを趣味にして、味にこだわった料理を出せるのと、そば屋の経営はまた別物なのです。その上、趣味のそば打ちと、商売としてのそば打ちはまた違います。大前提として、そこまで差別化できるそばを打てるのか、ということです。

確かに、美味しいそばは人気がありますが、同時にそこまでそばの味にこだわる人は一定程度しかいません。ラーメンの美味しい店で行列ができる、という話は多いのですが、そば屋で行列ができる店はごく一部にとどまります。つまり美味しいそばへのニーズは、一定程度にとどまってしまっている、というのが現状です。

また、ラーメン屋などに比べると、開業を志す人の年令が高いというのも、大きな要因となっています。そばを打つのは重労働です。家族や知人相手に、ちょっとそばを打つのと、一日中お客様の注文に応じてそばを打つのは大違いです。定年退職してそば屋を開業する場合、体力的には開業時点がピークであり、その後はどんどん体力は失われていきます。徐々に体力的にきつくなっていく、それとの戦いが閉店するまで続くのです。年齢による体力の衰えは本人が思っている以上に進む場合があります。病気などのリスクも高まるでしょう。もちろん数年店をやって、納得できれば店を閉めればいい、というのであれば止めません。そのために数百万円から下手すると一千万円以上かけて、開業する価値があるのか、もう一度確認したほうが良いでしょう。

もう一つ、そば屋の開業で多いのが、自宅を改築するというパターンです。確かに自宅を使えば、店舗を借りるのに比べると安く上がるでしょう。しかし、これはあまりお勧めできません。退職金はその後の老後を暮らす大切な資金です。失われてしまえば、そこからリカバリーするのが難しいお金でもあります。この貴重なお金を、自宅を店舗への改築につぎ込んでしまうと、ダメだった時にダメージが大きくなるのです。現役世代でしたら、さらに改築して一般的な住宅にすることは難しくはないでしょう。しかし定年退職後にその資金が捻出できるかは難しいのです。その結果、店舗としての間取りが家の大部分を閉め、使いにくい状態で老後を暮らさなければいけない、という状態になってしまっている人もいます。

それでもそば屋に挑戦してみたい、というのでしたら賃貸の居ぬき物件などで開業資金を押さえて開業するほうが良いでしょう。確かに失敗すれば退職金をすべて失うことになってしまうかもしれませんが、自宅を改築してしまうよりすっぱり切り替えることができるので、ダメージが少なくてすみます。さらにそこで経営を軌道に乗せることができれば、そこから自宅を改築したり、新たな広い店舗や、内装にこだわった店舗へとステップアップを目指せばよいのです。経験もなく、退職金をすべて注ぎ込むのは、起業というよりはギャンブルに近いのではないでしょうか。

もう一つ、指摘しておきたいのが「こだわり」の店、という点です。男女で分けるのはあまり好きではありませんが、このこだわりという部分で男女でそれぞれ傾向があるようです。女性が開業する際、こだわるのは店の雰囲気や内装などが多いようです。それに対し、男性は味や原材料などこだわるケースが多いようです。店舗経営で味へのこだわりは欠かすことができない要素であるのと同時に、そこばかりに集中してしまうと足を引っ張ってしまうこともあります。

そば屋の場合、そば粉にこだわり、そばの名産地に畑を持ったりする人も。そうしたこだわりの店はメディアなどに取り上げられて話題になることもありますが、そこで成功できるのはやはり一部の人です。多くの場合、原材料費ばかり膨らみ利益率を圧迫。経営の足を引っ張ることになりかねません。

また、そば屋以外にも、人気のあるＢＡＲ経営などでも同じことが言えますね。酒好きが高じて、世界中から様々なウィスキーなどを金に糸目をつけずに集めてしまう、といった人も。その費用を捻出するために、一杯１５００円とかなり高い値段設定をした結果、客が入らずに早々に閉店となってしまった、というケースも見たことがあります。高級ホテルなどであれば水割り一杯1500円はそこまで高いものではないのかもしれませんが、地方都市の雑居ビルの中に開業しているBARでその値段では、やはりお客はつきません。客のニーズがない部分でのこだわりは、経営の足を引っ張ることもある、ということをおぼえておく必要があるでしょう。

【5】友人頼みのネイルサロンはなぜ失敗するのか

もう一つ、失敗しやすい店舗経営として挙げたいのが、ネイルサロンです。これは若い女性に非常に人気がありますね。ネイルサロン講座などで技術を学び、自宅で開業する、ということが多いようです。ここで重要になってくるのが「集客」です。

同性に多くの知り合いがいる場合、そうした友人をお客としてスタートダッシュに成功することもありますね。ただ、そこからがこの仕事の難しいところです。自宅で開業などのケースでは、そこからなかなか商売が広がらないのです。うまく紹介でお客が増えていけばいいのですが、それがなかなか広がらず、徐々に客が減少して、最後は閉店というケースが多いですね。

こうした友人頼みの開業は、何百人～何千人も友人を動員できるような、よっぽどの人でなければ難しいでしょう。水商売などで資金を集め、そこの店舗の女性がネイルサロンを開業した場合、最初のうちはその店舗で一緒に働いていた同僚や後輩が通ってくれるかもしれません。しかし、自分がいなくなった後に入店した人は、あなたと直接の友人ではないため、そこから商売につながらないのです。また女性の場合、結婚・出産などで支出の内訳が大きく変わる人も多くいます。独身時代、ネイルなどに多くのお金をかけていた人が、出産後はネイルなどより子供にお金をかけるようになる、ということも珍しくないのです。そのためネイルサロンなどは、開業時点が一番儲かるけど、徐々に経営が厳しくなる、といったケースが多くなってしまうのです。

ただ、ネイルサロンがラーメン屋、カフェ、そば屋などと異なり有利な点もあります。それは開業資金の少なさです。自宅で開業し、あまり儲からなければスパッと次の道へ進める、という点は大きいですね。もちろんそこで成功し、徐々にビジネスを拡大させることもできます。私の知人には、高級ホテルの中にネイルサロンをオープンさせ、成功している人もいます。知人頼みの経営から、いかに脱却するかがポイントといえるでしょう。

そのためには他といかに差別化できるか、です。ネイルの技術ではそこまで大きく差別化できません。もちろん細かい作業やデザインセンスに天才的な才能を発揮し、他ではできない技術を身に付け、高付加価値化で差別化をする人もいますが、それはごく一部。多くの場合、技術自体はそこまで差別化できません。雰囲気やコミュニケーション力、他業種とのコラボレーションなど、あなたのアイデアや経験を活かし、独自のサービスを創り上げることができるかどうか、に成功か失敗かの分かれ道がありそうです。

【6】そもそも経営に向かない人とは

このように様々な失敗しやすいケースを見ていくと、ある経営に向かない人のパターンが見えてきます。一つは、事業そのものと経営を混同する人です。ありがちなのですが、良いものを作ればお客はついてくる、と考える思考です。これ自体は悪いことではありません。良いサービス、良い商品を目指すのは当然であり、間違いではありません。しかしそれを経営判断の最上位に置いてしまうと、やはり問題があります。どんなに良いものであっても、マーケットにニーズがなければ、それは無用の長物になってしまいます。また、費用対効果の問題もあります。美味しいラーメンを作ることができても、原価を考えずに高級食材を集めて、数千円となってしまえば、お客はほとんど入らないでしょう。良いものを極めたい、というのであれば経営ではなく職人としての道を探るほうが、成功への近道です。起業し、それで食べていくためには、やはり経営者としての視点を常に意識しなければならないのです。

また経営をするうえで欠かすことができないのが「数字」です。この数字を突き詰めて考えられない人は、やはり経営には向いていないといえるでしょう。何も複雑な計算ができるようになれ、というのではありません。しかし、数字をしっかり出し、そこで予測を立て、対応していけるようにならなければなりません。開業してすぐに廃業する人は、そもそも数字の想定が甘く、どんぶり勘定となっていることが多いです。自己資金がいくらで、融資をいくら受け、開業資金がいくらで、何にどれだけの初期投資を行い、サービスや商品の価格をいくらに設定し、原価率はいくらで、返済にはいくら回し、人件費はいくらに抑えるのか……。経営にはこうした要素を数字としてしっかり把握していなければならないのです。しかし運転資金であるランニングコストと、固定費であるイニシャルコスト、それすらしっかり把握せずに起業に突き進んでしまう人も残念ながら多いのです。

あとひとつ、付け加えるなら「健康であること」が重要です。起業してすぐの人に多いのですが、わき目もふらずに命を削って経営に邁進する、という人がいます。それでは健康を害し、最初の数か月は持っても、長くは続きません。経営は様々な判断が付きまといます。不健康な状態では、判断を誤ってしまうことにもつながってしまいます。意気込み自体は悪いことだとは思いませんが、同じく健康に心を配り、心身ともに正常に動くようにメンテナンスを欠かさない。それが成功している経営者に共通して言えることです。

第三章

起業のために必要なこと

【1】お金はいくら必要か

ではここからは具体的に、起業に必要なことについて考えてみましょう。真っ先に必要となってくるのが、やはり資金です。これをいくらに設定し、どれくらい費用をかけることができるか、でその後の成功率が大きく変わってきます。当然、スタート時の資金が多ければ、起業後楽に経営を軌道に乗せることができます。かといって安全策を採るあまり、資金を貯め続けることに終始した結果、起業のタイミングを逃してしまうこともあります。そのためバランス感覚が必要です。

よく「起業したいけどいくら貯めれば良いんですか?」と聞かれます。これはあなたがどのような起業をしたいかによるので、一概には言えません。自宅の一角を改装し、パソコン一台で起業するのであれば、数十万円もかからずに起業することができます。一方で、駅前などに店舗を借り、在庫などを持ちながら商売をする、となれば1000万円以上必要になってくることもあるでしょう。まずは自分が起業するのに必要な経費がいくらかかるか、試算してみるのが良いでしょう。この資金計画があるのとないのでは、効果的な資金の使い方が見えてきません。

　この資金計画をしっかり作っておくと、金融機関からの融資なども受けやすくなります。ポイントとなるのが設備資金と、運転資金、です。まず設備資金ですが、店舗やオフィスの保証金、器具、車両、機械、ソフトウェア等への最初の投資です。金融機関に提出する際は「どうしても必要な物」だけを挙げますが、この段階では「あったほうがよい」ものもチェックしておき、わかりやすく印などをしておくとあとで手間が省けます。資材などで費用の変動があるものは、それを踏まえて弾力的な計算をしておくと良いでしょう。運転資金は仕入れ資金や広告宣伝費、人件費、家賃、外注費などになります。売上があっても仕入れと入金がずれることで発生する資金なので、通常は支払い分の2～3ヶ月程度が目安と言われています。

　ただ、近年急増しているスモールスタートなら、確かに回収までのサイトを短くでき、運転資金を減らすことができるでしょう。しかし、起業して1年経っても黒字基調に転換できないところが4割にも上っていることを考えると、それで安心といえるか疑問です。

日本政策金融公庫総合研究所の『新規開業実態調査』によると、開業時における平均資金調達額が１１７７万円となっています。開業費用の平均が９４１万円であったことから、運転資金は２３６万円が平均となります。つまり３か月分として２３６万円ということから、１か月平均約80万円が運転資金という計算になります。ただ、運転資金はそれで十分かというと難しいでしょう。

注意したいのが、起業から1年間で黒字基調となった企業は、全体の６割程度にとどまっています。つまり、４割は赤字基調が続いており、融資を受けても返済には着手できず、創業資金を減らしながら経営を続けている、ということになります。つまり赤字基調が続くうちは、最初に用意した運転資金を減らしながら経営を続けているということ。それが尽きた時、資金繰りに行き詰まり倒産、となってしまうのです。そのため起業時、この開業資金をどれくらいに設定するかで「勝負できる期間」が変わってくるのです。

飲食店などでは、オープンしてすぐは目新しさもあり、客が入るでしょう。ただし、そこでしっかりお客をつかむことができないと、その後急速に客足は鈍ります。この時、地域の傾向を把握し、修正をかければその後安定軌道に乗せることもできますが、数か月しか運転資金を用意していなければ、軌道修正をすることが難しくなります。また、ＢｔｏＢのビジネスだと、支払いサイトが長くなりがちなので、こちらもしっかり運転資金を用意しておきたいところです。逆に、自宅などでネットビジネスを行うのであれば、運転資金はほとんど必要ありません。自分が行うビジネスをしっかり見据え、バランスの良い資金計画を立てる必要があります。

その上で、これら開業時に用意しなければいけないお金のうち、いくらくらいを自己資金とするべきなのでしょうか。創業時の資金総額のうち、68・3％を金融機関から、23・9％を自己資金でまかなっている

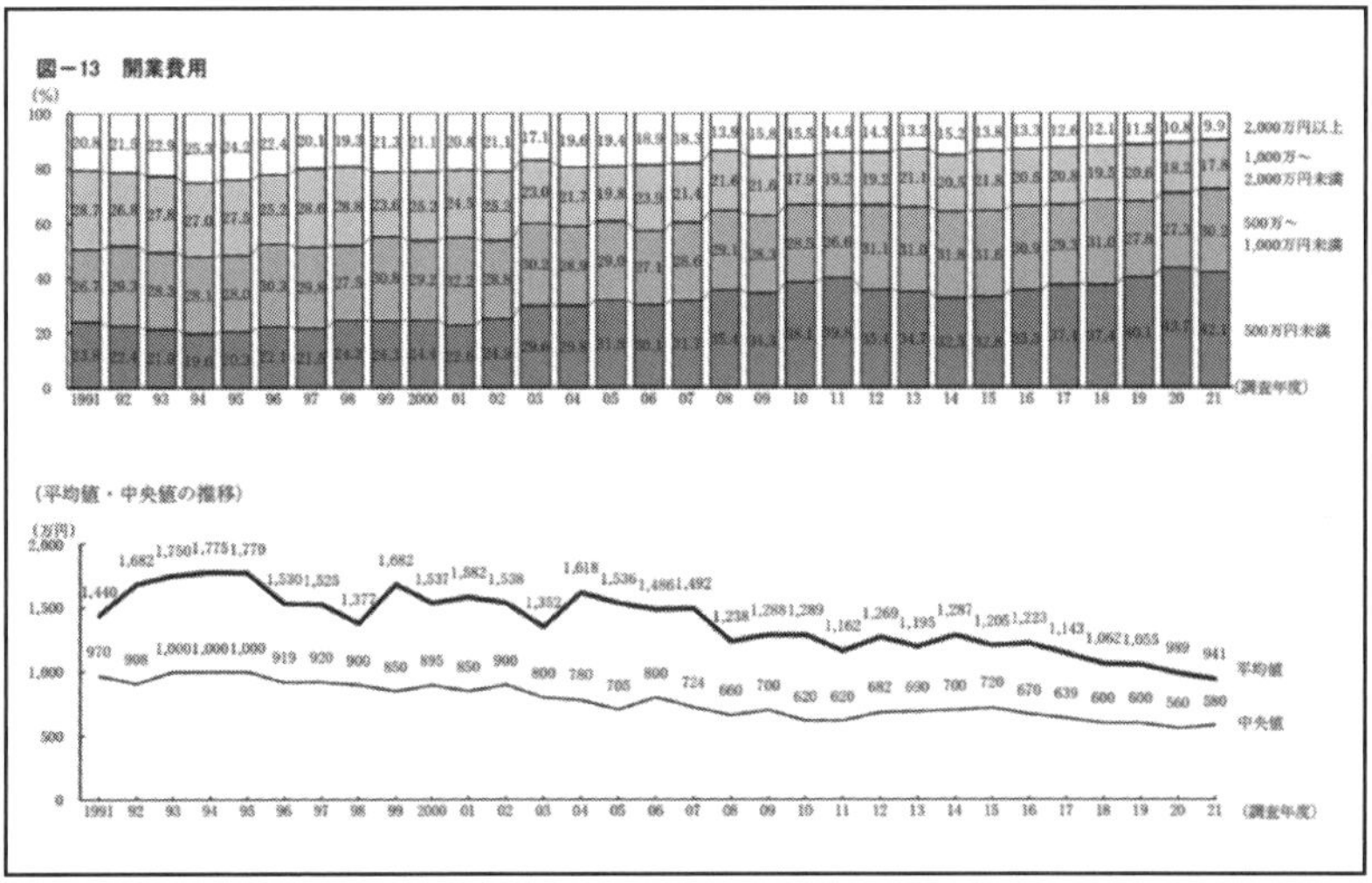

出典：2021年度新規開業実態調査｜日本政策金融公庫

ことがわかりました。合計すると、全体の92・2％を金融機関と自己資金でやりくりしている、となります。

これらのデータを見ると、一般的に言われている「自己資金3割」という話は間違いではないかもしれない、と思う人もいるでしょう。しかし注意したいのが自己資金を減らせばその分、融資などの金額が増えるということです。そして融資が増えれば利息が増える、ということです。起業して思ったほど収益が上がらない場合、自己資金が多ければ運転資金を減らし、規模を縮小しつつ耐えることもできます。しかし利子の返済はそうはいきません。利子が運転資金を圧迫し、資金がショートしてしまう、ということも多いのです。

先ほどのデータのように、開業して1年で黒字基調となるのは6割、残りは赤字基調です。そのため起業の際、自己資金は当初の想定より余裕を持った金額を用意しておく必要があるといえるでしょう。

また、起業時に貯金をすべて起業に費やすべきではありません。副業で起業をするのであれば、本業で稼いだ金をベースに生活し、その余剰を追加でビジネス資金に投資することができます。しかし本業を辞めて、起業に取り組むのであれば、生活資金もしっかり確保しておく必要があります。これも最初の2～3ヶ月分ではなく、切り詰めつつも半年は生活できるだけの資金を用意しておく必要があるでしょう。

【2】自己資金だけで足りない時は資金調達

起業は小規模で行い、順次拡大していくことをお勧めします。初期投資は最小限度で、最初のうちは自己資金で出来るだけ賄うのが鉄則といえるでしょう。ただ、しっかりと資金計画を立て、最初にある程度の投資をしたほうが良いビジネスもあるのは確かです。特に、店舗やオフィスを構えてスタートする場合、ビジネスが軌道に乗ってから移転が難しい場合も有ります。また、最初にどれだけの投資ができるか、というのが勝負になることもあります。

そうなると、すべて自己資金で賄うのは難しいでしょう。しかし起業前、まだ事業をはじめていない段階で、事業資金を調達するとなると、ハードルは高いです。そこで最初に作った資金計画を元に、資金の調達を検討しなければなりません。ここで重要になってくるのが、1つの調達方法にこだわらず、複数の調達手段を考えることです。

①日本政策金融公庫からの融資

起業する際、まず検討すべきなのが日本政策金融公庫の創業融資です。この融資は新たに事業を始める人、もしくは事業開始後税務申告を2期終えていない人が対象となります。無担保・無保証人で活用でき、最大で3000万円（うち運転資金1500万円）まで借り入れることができます。返済期間は、運転資金で5～7年、設備資金で5～10年程度です。

②金融機関からの融資

融資と言うと、銀行や信用金庫からの借り入れが真っ先に思い浮かぶでしょう。ただ、必ずしも融資を受けられる、といったものではありません。起業の際は実績がないため、信用は低く審査は厳しくなります。自己資金や事業計画だけでなく、健康状態や過去の信用情報も審査の対象となります。ただ、しっかりとした担保や連帯保証などをつけることができれば、融資を受けやすくなります。

しかし融資の借り入れはできるだけ低く抑える方が、その後の負担は少なくすみます。年間売上が1000万円をこえたとしても、原材料費や人件費などを引いた粗利から、自分の生活費などに回すと、年間で返済できる金額は驚くほど少なくなる、といったことも。そうなると利息分しか返済できず、いつまでも利益を圧迫し続ける、といった危険性もあります。

③ 補助金・助成金

起業時に最も活用したいのが、この補助金や助成金です。融資と違って返済しなくてもよいお金なので、自分たちに利用できるものがないか、積極的に検討したいところです。特に、これまでと違う形態のビジネスや社会にプラスの影響を与えるビジネスなどは、チャンスも大きいですね。ただ、注意したいのが受給のタイミングです。まずは活用できそうな補助金・助成金をピックアップして、どのように申請していくのか、その上でどのタイミングで受給でき、その資金をどう活用していくのか、などをしっかり確認しておくと良いでしょう。

④クラウドファンディングの活用

近年、大きく発達してきている資金調達の方法です。現在では様々なクラウドファンディングのプラットフォームが作られており、それらを利用するのが良いでしょう。サイトを見た人から共感を得られるように発信を行い、事業計画などをわかりやすく説明することがポイントです。また、クラウドファンディングには様々な種類があり、リターンを設定することも可能です。新しい商品の開発などを行うのであれば、そこで商品やサービスを提供することで、最初の段階での集客を行うことができるなど副次的効果も期待できます。

⑤ビジネスローン

これも融資の一つで、事業資金調達専用のローン商品です。一般の融資に比べると、融資の決定までが速いことなどメリットもありますが、②の一般的な融資に比べると金利が高くなってしまう点に注意が必要です。

⑥カードローン

　これは銀行や消費者金融から発行されるカードを利用した、個人向け融資のサービスです。ＡＴＭなどを利用し、気軽に利用することができます。ただ、個人向けなので借入限度額は低く設定されていたり、金利なども高いことが多いので、これもまた利用に注意が必要です。

⑦親族・知人からの借り入れ

　家族や知人からの借り入れもまた、資金調達の一つといえるでしょう。利息や返済時期についても、話し合いで自由に設定することができるので、金銭的に余裕のある人が身近にいれば利用しても良いかもしれません。ただ、人間関係がベースになっているため、起業したけどうまくいかず、返済などが滞った場合、人間関係にひびが入ってしまいます。また、口約束だと「言った・言わない」でトラブルに発展してしまうことも多いので、返済条件をしっかり決め、契約書を交わすようにしましょう。また、返済できないでいると借入ではなく贈与とみなされ、贈与税が課されることもあるので、注意が必要です。

⑧ 自治体からの制度融資

自治体によっては民間金融機関や信用保証協会と連携して提供する融資制度を設けているところがあります。自治体の審査に通れば、金融機関に紹介状が発行され、一般的な融資より金利面等で有利な条件で資金調達できることもあります。

起業時、資金が足りない人はもちろん、ある程度自己資金で起業できる方も、こうした様々な手法で資金繰りを調べておくと良いでしょう。なぜなら、起業で重要なのは「余裕」です。資金の心配がつきまとい、それだけで頭がいっぱいになってしまう。そうなれば本来やりたかった事業に大きなダメージが出てしまいます。そのため、いざという時の資金繰りについては、常に情報を集めておく、というくらいの意識があるといいですね。

また、自己資金に不安がある人は、その資金を資金繰りで補填するだけでなく、いかに経費・費用を抑えるか、といった視点も必要でしょう。300万円の予算で起業しようとしても、実際はそれより多くかかってしまう、といったことが良くあります。起業で300万円を使い切ってしまうと、ちょっとしたトラブルで運転資金に用意していたお金が飛んでいく、ということも。起業してすぐは、どんなに将来性があるビジネスでも体力がついていかないことも多いのです。３００万円を起業資金の予算として開業するのであれば、まずは２５０万円程度で起業できるよう予算をしっかり見直しましょう。

【3】専門家をいかにうまく使うかが経営者の手腕

本の中では、起業にとって重要なお金の話でも、なかなか具体的にお話できないのも事実です。なぜならどのような起業を目指すかによって、その幅は非常に広いからです。不動産などのように一件あたりの商う金額が大きい商売と、薄利多売で多数の集客が必要になる商売では、考え方も方向性も、そして準備すべきことも１８０度違ってくることも多いのです。そのため起業においてどのような判断を下すか、という面ではここではなかなかお伝えできません。

そうした部分で力になってくれるのが、コンサルタントなどのいわゆる「専門家」達です。専門家をうまく活用できれば起業のハードルは低くなりますが、起業時に最もトラブルになりやすい部分でもあります。

まず起業をしたい、と考えた場合どこの誰に相談すれば良いでしょうか。商工会議所、税理士、そして民間の起業セミナーや専門のコンサルタントなど様々なところがあります。一つひとつ具体的に見ていきましょう。

商工会議所ですが、実は起業・創業の支援に力を入れているところが多いです。何もまだわからない、という段階であれば初めに商工会議所の創業塾や起業塾などを受けると良いでしょう。なぜならこの創業塾や起業塾を受けることで、日本政策金融公庫の創業融資制度を有利に受けることもできる場合があるからです。ただ、そこで学べる内容自体は地域によって相当の差があります。場所によっては起業後のホームページの活用方法なども学べるＩＴワークショップや、困ったことがあった際に相談できる経営指導員などもいます。また、商工会議所に所属すれば、他の所属会員などに向けてPRなどをする機会なども増えます。そのため地域に密着し、地元企業を相手にしたＢｔｏＢなどの事業を行う際や、ＢｔｏＣでも地元企業からの仕入れなどが多い場合は、商工会議所に所属しているだけでかなり有利となります。費用もリーズナブルで様々な利点があるので、商工会議所をうまく活用できれば起業の際、大きな力となります。

ただ、メリットがあればデメリットもあります。その一つが地域によって受けられるサービスの質に大きな差がある、ということ。実施しているサービスも地域によって異なりますし、相談員なども、中小企業診断士などの資格を持ち、的確なアドバイスをしてくれる人もいますし、寄せられた相談に定型文的な答えしか返せない人もいます。また、地域の企業経営者が参加しているため、どうしてもしがらみが生じます。特にお金が絡むと人間関係がより複雑になります。同じ業界・業種ですでに商工会議所に参加し、大きなネットワークを持っていたりすると、後から参加する人はどうしても力関係が生じてしまうことも。また、傍から見ると、単なる飲み会が活動の主体となっているのでは、と思われるところも。そうでないところでも月に一回程度の会合がありますし、何かと人付き合いがついて回ります。起業時やスタートアップ時は時間を捻出するのも厳しいタイミングです。そこで煩わしさを感じてしまう人もいるようです。メリットとデメリットを比較するためにも、起業を目指す人は一度顔を出してみるのも良いかもしれません。

また、商工会議所と並んで、ぜひ活用したいのが税理士です。

税理士というと、税務申告をしてくれるところで、起業前は関係ない、と思っている人もいるでしょう。しかし近年、税理士の業務の幅は広がってきており、起業支援に力を入れている税理士事務所も増えています。そうした起業支援に力を入れている税理士事務所では、起業に必要なノウハウが蓄積されているため、様々な情報が集まります。さらに起業時の資金繰り支援や補助金申請の支援、弁護士、司法書士、中小企業診断士や社労士といった他士業とのネットワークが強いところもあります。そのため様々な手続きなどを一括で任せることができる、といったところも多いですね。他にも融資獲得に有利になるような事業計画の作成に関わる経営コンサルティング業務も行っているところもあり、事務所によっては様々な面で起業の助けとなるでしょう。

さらに税理士本来の業務である税務申告では、大きな力を発揮します。

実はここ数年で会計ソフトの性能が非常に高くなり、帳簿付けや申告書の作成などは税理士でなくても簡単にできるようになりつつあります。しかし税理士は節税などのシーンで、その役割は非常に重要です。一言で節税といっても、起業段階ではどこまでやるのか、といった判断が難しいもの。よく、決算前に会社の備品などを購入し、黒字幅を減らして納税額を減らす、といった調整を行う経営者がいます。これは「節税」という面では有効かもしれませんが、会社経営でマイナスになることも多くあります。起業からしばらくは資金繰りが重要になります。その際、融資などを検討することもあるでしょう。この融資を受ける際に重要になってくるのが、会社がどれだけ利益を出しているか、です。つまり黒字決算で納税をしっかりしていれば、それだけ融資を受けやすくなります。赤字決算でも、赤字幅が小さく、それが将来好転する可能性があれば、融資を受けられる可能性も高まります。しかし節税に邁進するあまり、いいかげんな決算書を作成し、それに基づいて申告をおこなってしまうと、この資金繰りで行き詰まることも多いのです。どれだけ利益を出し、どれだけ赤字の幅を持ち、どれだけ節税するのか、非常にバランス感覚が求められ、税理士などの専門家でなければなかなか判断できないシーンも多いのです。

一方で税理士のデメリットは、やはりコストです。

事務所によって多少の差はありますが、それは安い金額ではありません。ただ起業後、会社を大きくする段階で必ず税理士のサポートは必要になってくるため、起業の段階から必要経費と割り切って考えてしまうのも一つの手、です。また、事務所によって得意とする分野などにも違いがあるため、必ずしも起業に強い事務所であるとは限らないのです。特に税理士事務所は地域によって差があります。多くの事務所がある都市部では、様々なタイプの税理士事務所がありますが、地域にある税理士事務所では地元に昔からある企業だけを相手にしているため、新たに起業する人にはあまり力点を置いていない、というところも。そのため自分に合う税理士事務所を見つけることができるかどうか、が非常に重要になってきます。

最後に民間の起業セミナーや起業コンサルタントです。

これはもう玉石混交です。非常にためになるものもありますが、ほとんど役に立たないどころか、起業の障害になるところも。そのため利用するにはしっかりと判断できる能力が求められます。優秀なコンサルタントを味方につけることができれば、起業は『成功したも同然』といった場合も有ります。一方で、質の悪い起業コンサルタントもいます。起業した段階でコンサルタント料を徴収し、そこで利益を確定させればその後あっという間に経営が傾いても関知しない、といった人も。そうした人に引っ掛かってしまうと、起業してすぐに躓いてしまいます。特に「〇〇〇万円あれば起業できる！」みたいな低い金額を売り文句にしているケースでは、トラブルが発生しやすいですね。そうしたコンサルタントの指導があれば、確かに起業し、出店はできます。しかしその後の経営については考えられていないので、あっという間に運転資金がショートし、数か月で撤退、といった事態に陥ることもあるのです。

どうやって良い専門家を見つけるか。そこで注目したいのが、そうした起業に関する専門家たちが、実際に自ら起業しているか、という点です。特に、資格だけあればなれるようなタイプの専門家は、机上の空論が多く、実状に合っていないことや、起業家たちの気持ちを理解できないことがあります。起業してすぐのころは、資金繰りが厳しく、何度も胃の痛い思いをする、ということも良くあります。しかし、起業の経験のない専門家は単なる筋で判断してしまったり、本当に欲しい支援は何か、ということがわからないこともあるのです。しかし起業経験がある人は、自分の経験からどうすればスムーズに起業することができるか、などを知っているという点が非常に力を発揮することが多いですね。

起業し、会社を経営すると、様々な人が寄ってきます。そうした人たちの中から、経営に有用な人を見分けるのも、経営者に求められる資質の一つ。自分たちでできない部分は専門家に任せつつ、将来を見据えた人的ネットワークを作っていく必要があるでしょう。

【4】市場調査、マーケティングの重要性

多店舗展開しているチェーンが新たな店を出す際、重視するのが市場調査、いわゆるマーケティングです。どこにどのような店を出店すれば、どれだけの客が入り、どれだけの売上があって、どれだけの収益が上がるのか。これを綿密な調査を元に組み立て、計画を立てていきます。ただ、これを起業する人がやろうとするのはたいへんです。しかしまったく無計画・事前知識無しで起業するのは、やはり無謀というもの。やはり最低限の調査は行ってから起業を計画すべきでしょう。

このマーケティングは、非常に多額のお金がかかります。マーケティングは近年非常に広い意味で使われており、市場の調査から、広告を出し、そこからマーケティング施

策の効果を検証するプロセスを指しており、それぞれ専門的な知識が必要です。そのためちょっとした調査を行うだけでも、数十万円〜数百万円はあっという間に飛んでしまうことも。そのため最初はマーケティングをまったく行わず、起業する人も多くいます。しかし効率的な経営を行うためには、必ず必要なことでもあります。

例えば、飲食店を開く際、駅前にするのか郊外の店にするのか？　席数は？　料金は？　開店時間は？　仕入れルートは？　飲食店でなくても、起業する際、様々なことを一つひとつ決めていかなければなりません。これを間違えてしまうと、大きな機会損失になってしまったり、トラブルになってしまうことも。

洋食屋でランチの後店を閉め、ディナーでまた店を開ける。そうした運営を行っている店も多いでしょう。しかし店のある地域で幼稚園や保育園などに子どもを多く通わせている母親が多く、子どもの送り迎えの前後にママ友とお茶をしたいというニーズの高い地域では、ランチからディナーの間に店を閉めてしまうのは大きな機会損失となります。また、都心部などに通う人が多い地域では駅前が有利になりますし、車を持つ割合が多く車移動が多い家族が住む地域では、郊外に駐車場付きの店を持つ方が有利になります。

こうした情報は、実はそこまでお金を使わずに調べることもできます。例えば市役所等の出しているデータからも読み取ることができるのです。市の人口がどれくらいで、そのうち男性がどれくらい、女性がどれくらい、子どもの割合がどれくらいなのか、ということは公表されていることが多いでしょう。また。実際に開業する予定の場所を丁寧に歩き、見てみれば、多くの情報が入ってきます。駅前に塾や予備校などが多ければ、若い世帯が多く住む地域とわかります。特に、駅前などにある不動産屋さんなどは情報が集約しています。そこの不動産価格はどれくらいが相場か、どれくらいの間取りの部屋が人気か、などを知ることができます。そこからある程度、住民の購買力などを推測することもできるのです。

注意したいのが、不動産業者などに開業予定の場所を案内され、すぐに決めてしまうことです。案内されるのは昼間が多いと思いますが、それだけでは町の一面しか見ることができません。朝はどんな人が歩いているのか、昼はどんな人が行き交っているのか、夕方になると大人と子どもはどれくらいの割合なのか、夜まで人通りは多いのか…。そうした点もチェックしなければならないでしょう。

市場調査やマーケティングなどというと、大げさに聞こえるかもしれません。しかしそうした一つひとつの情報から、自分が起業するために必要な情報を得ていく。それもまた、起業に必要な一つの能力なのです。

【5】企業は人

「企業は人なり」これは、かつて経営の神様と言われた松下幸之助の言葉です。この言葉は、実際に起業してみると身に沁みてわかります。特に起業したてで少人数で経営を回さなければいけない場面では、良い人材を確保できるかどうかで経営の生き死にが変わるほどです。ただ、この最も良い人材が必要な時期こそ、まさに人材を確保するのが最も難しい時期でもあります。

起業を志す人の中には目標に向かって、起業してすぐの会社に入って経営などを学んだ経験を持つ、という人もいるでしょう。しかしほとんどの人は、起業したての会社に就職することはリスクが高いと考えます。よく、開業する前に「人手はアルバイトでも雇えばいいや」と軽く考える人がいます。しかし、個人経営の店の場合はアルバイトを確保するのも難しい、といった状況に陥ることも多いのです。その結果、慢性的な人手不足に陥り、サービスや商品の品質などが低下し、お客からは見向きもされなくなってすぐに廃業、ということもありえるのです。新聞折込チラシやネットなど、地域の特性に合った人材募集の広告などを出すにしても、費用が掛かります。特に、起業したての頃は、こうした広告を出すのも非常に負担が大きいでしょう。

そのため起業する際の人員計画は、かなり余裕を持った方が良いでしょう。開業する前に、どれだけ周りの知人・友人の協力を得られるのか、も探っておいた方が良いでしょう。最初は知人などの伝手で人を集め、経営が軌道に乗ってから徐々に広告・貼り紙などで人を集める、などタイミングに合った手法を採るべきです。

また、注意したいのが良い人材を集めるのと同時に、継続して働いてくれる環境作りです。起業を目指す人は、その目標に向かって知識・経験を積むためにハードワークを苦にしない人がいます。それはそれで起業する際に大きな武器となります。しかしそれを従業員に押し付けてはいけないのです。特に修行が必要な形態の業種では、自分がこれくらい苦労したんだから、同じくらいの負担を従業員も我慢して受け入れるだろう、という考え方は非常に危険です。また、起業したばかりだから、これくらいでいいだろう、と安易に考え、低い待遇を押し付けるのは、長い目で見ればデメリットしかありません。

従業員も多くなれば、一人くらい抜けてもそこまでダメージは大きくないでしょう。しかし、起業してすぐ、10人未満のスタッフで回さなければいけない状況では、一人抜けただけで大きなダメージとなります。また、その穴を埋めるために費用をかけて広告を出し、新たに入社した人を一人前になるまで教育するのはコストがかかる作業です。

人を大事にする経営は、実は大企業より起業してすぐの段階のほうが、当てはまる言葉ではないでしょうか。

【6】ゴールを意識した経営を考える

起業した人の多くは、まず目の前の経営課題を解決し、会社を軌道に乗せることを目標にするでしょう。それはもちろん大切です。ただ、ゴールをどこに設定するか、というのも同時に少し考えてもらいたいですね。もちろん倒産など、やむを得ない事情で経営を続けられない、ということもありますが、そもそも経営は永続的なものではありません。起業した人がずっと経営者として、この先ずっとそうであり続ける必要はないのです。そして、どこをゴールに据えるのか、によって会社の在り方もまた変わってくるのです。

ＩＴ企業などでは当たり前になりましたが、一つのアイデア、一つのヒットで一気に会社を大きくして、株式を公開し、創業者として利益を確保した上で企業を売却。そして次の開発をする資金に充てる。こうしたやり方もあるのです。また、ある程度のタイミングで、経営そのものを他の人に譲る、という手もあります。

私自身そうなのですが、スタートアップには大きな情熱を注げるが、会社の経営が軌道に乗ってしまうと、モチベーションが下がってしまう、という人も。会社は創業期、成長期、安定期、衰退期・再成長期などいくつかの段階に分かれます。実はそれぞれ求められる能力は異なるのです。創業期は知名度がない中、売上や利益も限られる中で、資金調達などを行って企業の経営を軌道に乗せることが重要です。しかし成長期になれば、事業リスクは徐々に減り、人材も増え、よりマネジメントが重視されます。安定期に入れば、組織体制の整備へと課題は移行し、衰退・再成長期は企業の再建を図るため新規事業開発なども必要になってくるでしょう。これらを一人で行う、というのは、かなりの困難です。もちろん幅広い能力を持ち、それらすべてに対応できる、という人であれば良いのでしょうが、タイミングに応じて自分のゴールはここまで、と定め後進に譲り、自分はまた次の課題を持って新たなステージに立つ、ということも一つの選択肢としてあり得るのです。

ここでよく聞かれるのが「自分は起業し、会社は子どもみたいなもの。これを今更手放して、自分は他にできることはない」などという言葉です。しかし自分の子どもを一生面倒を見る親はほとんどいないでしょう。多くの親は子どもの成長を見守った後は独立させます。しかしこれが会社になると、子どもと違ってずっと自分で面倒を見続けることも可能です。会社の事は自分が一番わかっていると考え、時代に合わせ次へと引き継ぐことがなかなか難しい人もいるようです。

ただ、起業をした経験というのは、実は社会において非常に貴重なキャリアとして見られることも増えてきています。近年では多くの企業が多事業展開することが増えてきました。また、新たな事務所の立ち上げや新たな支店の開設、など様々なシーンで起業や経営の経験は大きな力を発揮します。他にもM＆Aで買収した企業の経営を任せたい、などのニーズもありますね。

起業は大きなキャリアとして、その後の人生で輝かせることができるのです。これは何も、起業が上手くいった場合だけではありません。実は、起業に失敗し、倒産や廃業した経営者であっても、状況によっては貴重なキャリアとなりえるのです。経営は孤独と言われます。そのため経営に行き詰まったりすると、近視眼的になりがちです。自分の立ち上げた会社を手放すくらいなら、と極端な行動をとる人もいます。しかし実際は、その経験を活かし、次につなげている人は大勢います。経営を続けるだけがゴールではなく、自分に合ったゴールを設定し、あなたのキャリアの一つとして考えてみても良いのではないでしょうか。

第四章

わたしの起業ヒストリー

【1】わたしが起業にいたった理由

ここまで起業について役立つと思われる様々な情報を述べてきました。ただ、それはネットなどに載っていたり、他の起業について書かれた本などにも述べられているものもあったでしょう。そこでここからは、私が起業を志した理由や、経営について苦労した点や、企業売却という結論に至ったか、など実体験を元に述べていきたいと思います。

そもそも私は学生時代、企業の経営などにはまったく興味はありませんでした。そのため高校を卒業し、進学する際も大学などで経営を学ぼう、経済について知識を身に付けよう、などという意識はありませんでした。ただ、私の周りで看護の道に進む友人・知人が多く、そういう人たちから看護師の仕事について聞かされており、さらにニュースでは訪問看護ステーションなどができると聞き、活躍の場が広がっていくと感じてその道に進むことにしたのです。ただ、友人たちと違ったのが、看護という仕事に対し、一歩引いた考え方をしていたのだと思います。

看護師の道を目指す人は、看護の仕事を生涯の仕事と定め、志す人が非常に多いのが特徴です。看護を生き甲斐にし、看護という仕事に使命感を持っている。そんな仲間を大勢みてきました。ただ、私はというと、看護の仕事は資格職であること、資格さえあれば日本全国どこでも仕事ができること、そのため会社（病院）などに依存することなく身を立てることができる、と考え選んだ仕事だったのです。ただ、他の人と違った目で看護の仕事を見ることができたのは、その後の起業に大きなプラスとなりました。同じことをしていても、違う視点から見たり、切り口を変えることで、それがビジネスチャンスへとつながったのです。

話を戻しましょう。実際に働いてみると看護師の仕事は自分には向いていると感じました ね。一方で、病院に勤めながら、患者さんと日々接していくうちに、ある悩みが生まれてきました。それは「なんでここまでひどくなる前に、病院に来るなり、生活を改善しなかったのだろう」という思いでした。ある患者さんが受診した結果、乳がんだと診断されました。ただ、病院に来るずっと前から、変だな、変だな、と思ってはいたけどひどくなるまで放っておいたというのです。命まで危険な状況になってはじめて病院に来たので、とれる手段は限られたものしかありませんでした。そうした患者さんを見ているうちに、病気に対する知識を知らない人が非常に多く、そもそも相談できる人もいない。確かに健康診断などは企業で働いている人には義務付けられていますが、そうしたレールに乗っていない人は病気について触れる機会がなく、知識もない人が大勢いると感じたのです。

そこで病気の予防について興味を持ち、改めて学ぶことにしました。休みの日に学校に通い、夜の時間を勉強にあててました。勤めていた病院には看護師寮があり、勤務後そこに帰る途中に大学の図書館があったのは非常に助かりましたね。さらに仕事を辞めて1年間勉強に集中し、学校に通って保健師の資格を取得することができました。

そして保健師として企業に入って、健康管理などの仕事に携わるようになったのです。以前から興味のあった予防医療の仕事。しかし様々な相談を受けても、保健師として解決できない問題が非常に多かったことに愕然としました。労働者の健康は、個人で対処できるものだけではなく、国の政策や社会に根付いた考え方などが根本的な原因と言うことも多かったのです。そのため自分ができることは非常に少なく、何社かで保健師として働きましたが、どこもやることは同じ。そうした現状に直面し、感じたのが「このまま残りの人生、こんな形で働き続けるのは嫌だ」という思いでした。

資格を取り、働く気満々だったのに、自分のできることは少ない。だったら、もっと自由に自分で働き、稼げる道はないか、と感じていたところに、あるニュースが飛び込んできました。それは特定健康診査、いわゆるメタボ健診が始まり、それに伴い特定保健指導が義務化される、というもの。これなら私にとって絶好のチャンスではないか。資格を持っているからこそのアドバンテージを活かした働き方を、自分で創っていけるのでは、と考えたのです。それが起業に向けての第一歩でした。

【2】思ってもみないことばかり、起業にまつわる苦労

自分で会社を作り、仕事を作り出す。そう思い起業に向けて踏み出したのですが、そこからは苦労の連続でした。まず、知識がまったくなかったのです。親も経営者ではありませんし、周りに起業している人はいません。そのため何も知らない状態から、一つ

ひとつ調べていくしかありませんでした。この相談できる人がいなかったため、あっちにふらふら、こっちにふらふら、今思い返してもかかってばかりいた気がします。

起業セミナーなどにも参加しましたが、そこで特に役立ったのが税理士を紹介してもらえたこと、受講生どうしのつながりでしょうか。税理士はその後、何人もの人に何度もお世話になりました。そして受講生はやはり起業を志しているので、その話から自分も刺激を受けました。

そして様々な手続きはインターネットで調べ、一つひとつ行っていきました。ただ、かなり空回りしていましたね。会社を作るのだから、銀行口座を開設しなければいけない、とは知っていたのでまずは銀行の窓口に相談に行きました。当時、勤めていた会社は新宿にあったので、昼休みに銀行の窓口に行ったのですが「なんでうちに来たんですか?」と怪訝な顔をされました。それもそのはず、起業するのは池袋の予定だったのです。起業する池袋の支店で口座開設するほうが、後々スムーズになる。そんなことも知らず、教えてくれる人もいなかったので、わざわざ会社を休むのではなく、休み時間に済ませればいいや、くらいの気持ちでやってしまった失敗ですね。

また、開業するオフィスを決める際も、失敗してしまいました。元々とても環境が良い状況（大手企業等）に勤務していたことや聖職者集団に囲まれていたため、話をしてくることはまともであり、人に対し悪いことを言ってくることが想定できなかったためです。それほど大手企業と中小企業ではまったくと言っていいほど置かれている環境も厳しさも雲泥の差ということを思い知る毎日でした。駅を出てすぐのところにあった不動産屋に相談し、物件を比較せず勧められるがままに決めてしまったのです。その場所自体は悪いものではなかったのですが、メタボ健診スタートに合わせ事業を始めるのに、1年半も早くオフィスを借りてしまったのです。結局は賃料だけ無駄に払い続ける羽目になってしまいました。

ただ、資金面ではだいぶ恵まれていたように思えます。まず、起業のための資金を融資してもらおうと、いきなり信用金庫に行ってしまいました。今思えば、これまで付き合いもなかったところから、いきなり金を貸してくれ、と言われても信用金庫からすれば困ってしまいます。ただ、そこの担当者は親切で、中小企業診断士を紹介してくれました。また、そこで話を詰めることができ、事業にも興味を持ってもらうことができ、国の政策に合わせた内容だったこともあり創業資金を確保することができたのです。

【3】安定までの遠い道のり

なんとか起業し、スタートラインに立つことができましたが、その後も空回りは続いてしまいましたね。ここでは真っ先に、税理士の問題が挙げられます。最初の税理士は親切で経理についていろいろと教えてくれたものの、融資に関しては得意ではありませんでした。起業してすぐは、売上もなかなか立たず、融資などの資金繰りは欠かせません。そこで税理士を変更したのですが、二番目の税理士の方も、融資には積極的ではありませんでしたね。結局は税理士を何人も変更することになってしまいました。

この税理士変更が大きな負担となり、苦労してしまいました。多くの税理士が決算書を作成するだけ、数字が中心で事業の内容や経営者の本質を見て対応する人はほとんどいませんでした。特に起業してすぐは、赤字で債務超過となってしまいましたので、まったく協力的ではなかったのです。会計システムなどが違うので、税理士を変更するたびに簿記を実務で学んでいるかのような有様でした。自分に合った税理士と巡り合うまで、何人も変更し続けたのはコスト面でも精神上も大きな負担になりましたが、自分に合わない税理士で我慢し続けると、問題がどんどん大きくなるだけなので、起業する際は良い税理士を探すのも大きなポイントだと思います。

また、営業面での苦労は、会社を売却するまで付きまとい続けました。特に、法人営業の経験者がいなかったのが大きく足を引っ張りましたね。売り上げを挙げるために、経営コンサルタントを東京商工会議所のサービスで一部利用したこともあったのですが……。肝心なところになると、別途有料と言われてしまい、その金額が非常に高くて、最後まで依頼することはできませんでした。また、商工会議所の企画で、異業種交流会などにも積極的に参加したのですが、事業内容が特殊だったため直接的な営業にはつながりませんでした。ただ、創業当時は広告宣伝費、準広告と言われるタレントなどとの共演での広報活動を十分に行ったことで認知度を上げることができ、結果的にはよかったこともありました。営業マンが先か広告宣伝が先かどっちが正解かなどにはいつも悩んでいました。先ほどの経営コンサルタントでも、費用が発生するから依頼しなかったのではありません。提案してくる内容で経営者として〝これはいけるぞ〟といった確信的なものが感じられれば、銀行から借金してでもその話は進めたと思います。どの提案もそう感じられるものは殆どありませんでした、何ででしょうか。

さらにビジネスになると、これまでいた世界とまったく違うということを思い知らされたことも多かったですね。看護や医療の世界は、性善説で成り立っている部分があります。実際多くの人が、患者さんのために、との思いを持って働いており、相手をだまそうなどということはほとんどありません。しかし、起業してビジネスの世界では、女性一人で経営しているというと美味しそうな餌と映ることも多かったのでしょう。変な話が多く舞い込んできました。

例えば、相手の経営者がうちに来て話を聞かせてくれ、というから何度も訪問したことがあります。しかし何度足を運んでも、なかなか話が具体的にならず、挙句の果てには業務提携をしようと話を持ち掛けられました。よくよく内容を見てみると、会社を乗っ取ろうという魂胆だったようです。他にも、ある会社の経営者に相談したところ、よい商品があると言ってきて、勧められました。しかもその商品に関する販売者でもないのに、金融機関でお金を借りてきて欲しいと言われ、うっかり騙されそうになったこともあります。

このように、女性で一人で経営をしていると、よくわからない経営者などが利用しようと寄ってきたため、公的な機関なら信用できるかと思い、相談しました。ただ、そうしたところは一回目の相談は無料でも、その後は有料、高くて払えない、ということも多かったですね。さらに資格を持っている相談員は、自分の専門としていることしかわからないので、目新しい事業だったこともあり現実的なアドバイスを得ることはできませんでした。

それでも徐々にではありますが、結果が出てきました。それはいわゆる右肩上がりの継続的な売上上昇ではなく、階段状だったのが特徴的だと思います。以前勤めていた病院のつながりでお客様が増えたり、あとは公的機関の案件を入札で獲得したりと、徐々に仕事が拡大していったのです。それができた理由は、社名・商号がわかりやすかったことにあったのではないでしょうか。業務内容の『ほけんし』をそのまま使い、かっこいい社名ではなく、わかりやすさを重視しました。おかげで自治体などからも声がかかるようになったのです。

自治体からの案件、というと安定していると思うかもしれません。しかし実際は、会社も小さく、従業員もパートが中心で、自治体から実施したサービスに対し、支払いを担当者が無視して支払わないことが生じ、その自治体の出納係に直接クレームを言って支払ってもらったこともありました。そのため安定とは程遠い状況で、一つの案件が終わったら次はどうしよう、という悩みは最後まで付きまといました。

【4】様々なトラブルが

こうしてスタートアップの時期を何とか乗り切ることはでき、バーチャルオフィスなども活用し、その後も長く会社を続けられる体制が徐々にではありますが整ってきました。ただ、トラブルはその後も続きましたね。細かいものまで合わせるとかなりの数になると思います。本来であれば自分の業務に集中したいところではありますが、実際の経営とはトラブルを次々さばき、解決していくこととも言えるでしょう。

例えば根回しができず、同業者からにらまれたこともありました。同じ保健師等から「あの子に仕事を回すんじゃない」と吹聴されたこともありました。そして、今では当たり前のリスティング広告を出したところ、保健師等から何度も広告をクリックされ、クリック課金型なので多額の費用を支払うことになったりと妬みの嵐に苛まれました。さらに自分達の事業をわかりやすく伝える社名でしたが、これがマイナスに働くこともありました。社名で目立ってしまったため、業界の大手から狙い撃ちされて、主な案件のはしごを外された経験があります。ただ、こうしたトラブルは当時はかなり痛い出来事でしたが、それを機に事業を見つめ直した結果、新たな展開につなげることもできました。

また、会社の業績は常に頭を悩ませ続けましたね。必要最低限かかる経費に見合う売上を作ることが非常に困難、という場面には何度も直面しました。これは経費の見直しなどが必要でした。電話営業がかかってきた際に失礼な対応はするべきではないという大手企業の教育が身についてしまっており、ことわりきれず、WebサイトをＩＴ関連企業から勧められるまま2つも作成してしまい、5年間分割払いを続ける羽目になってしまっていたのです。総額で300万円近く！にもなってしまい、これが収益を圧迫してしまっていました。しかし、知り合いの弁護士にそのことを相談したところ、半分は解約でき、そのときは外注ですが専門家（弁護士）がいたことが大いに助けになりました。また、経費の見直しといえば、事務所を維持するのも負担が大きかったですね。取引先が大きな事務所、好立地、多くの従業員を求める傾向にあったため、一時期はバーチャルオフィスなども積極的に活用していましたが、案件獲得のために賃貸契約の事務所に移転するなど利益を食ってしまうことが重なってしまいました。

こうした問題に何度もぶち当たったので、経費の見直しは常に行う癖のようなものがついてしまいましたね（笑）ただ、経費を削減するだけでは解決できない問題も多く、営業の方向性を思い切って変えることを決断しました。それまで公的機関への入札案件に力を入れていたのですが、これが不安定化を招く根本的な原因でもありました。入札は1円でも安いところに決まってしまいます。そのため丁寧にサービスを提供し、お客様と信頼関係ができていると感じても、次年度またその案件を獲得できるとは限らず、売上を不安定なものにしてしまっていたのです。そのため公的機関に比べて成約までのタームが短く、信頼関係の構築が仕事の継続に繋がりやすい民間企業にシフトしました。結果、徐々にではありますが道が開けてきたのです。

この営業面では、力不足を実感しました。営業職を採用したこともありましたが、うまく機能せず、結局は営業代行のサービスなどを利用し、外部に委託することにしました。しかしそれは、短期的に見ると効果はあったかもしれませんが、結果として社内にマーケティングや営業のノウハウを蓄積させる機会を失うことでもありました。少なくても、自分達の中でマーケティングの基礎を身に付けるべきだったと考えています。これらは人の力を借りる、という意識に欠けていたことが原因だったと、振り返って感じます。何でも自分がこなし、疲弊していった。人材をうまく活用することで、経営者しかできないことに注力する仕組みを作っていくべきだったのです。そしてこれが、私自身の次の選択につながっていきました。

【5】企業売却という選択肢

トラブルに直面する中で、問題点が浮き彫りになり、それを解決することで徐々に企業として成長していくことができました。それと同時に、一つひとつの案件自体が当初より大きくなっていきました。それでも自分で対応できないわけではありません。しかしそれをするには相当な無理をしなければならず、少なからず自己犠牲を強いるものでした。それは私の求めるライフスタイルとは言えない、と感じるようになっていったのです。そして、ずっと同じ経営者だと、どうしても思考は硬直してしまいます。会社というのは継続的に成長を目指さなければいけないものですが、そこで私以上にその役割をはたせる人がいる、そのフェーズに組織が入ったのだと思いました。

そこで私は、会社の売却先を探し始めるとともに、顧客や社員、売却先に迷惑がかからないような体制づくりに取り組み始めました。ただ、売却先といってもすんなりと見つかるわけではありませんでした。まずはコンサルタントにお願いし、売却先を探してもらうように打診。同時に私自身も本やネットで企業の売却について調べていきました。そんな時、ダイレクトメールで案内があった税理士法人が母体となっているコンサルティング会社から話が舞い込みました。まずはそこで話を聞いて条件などを確認。その後、実際に譲り渡す経営者と面談に進んだのですが、聞いていた話とまったく違うことを持ち出されました。そこでこの話は流れてしまいましたが、細かな部分についてもしっかり確認しなければならない、と感じた出来事でしたね。

実際、よくM＆Aでだまされた、と聞きます。しかしその業界では、大筋での合意だけで、細かな部分を確認できなかった結果、思っていたのと違う、といったことが起きているようです。そのため私はかなり慎重に段階を踏みながら、売却先を検討していきました。

実際に売却するまでに面談した経営者はかなりの数に上ります。売却を考えてから5年以上は経過していましたね。

【6】そして次のキャリアへ

起業から売却まで、怒涛のように過ぎていきました。経営していた時は、周りも見えず、日々の業務、そしてトラブル対応に追われる日々でした。ただ、次のキャリアを見据えた今になって振り返ると、自分自身にも問題がいくつもあったように思えます。

まず大きな部分としては、やりたいこと、できること、それをどうやって収益に結び付けるか、といったことが混乱していたことです。そもそも事業を立ち上げる際に考えたのは「自分で何がしたいのか」です。これはもちろん重要です。看護師、そして保健師というバックボーンがあった私は、ナイチンゲールの著書を取り寄せて読み込み、会社の理念づくりに盛り込みました。言葉を集約し、それが決まらないと前に進めないと思ったのです。確かに新しいことをやるのですから、言語化しないと理解されません。そして起業する以上、社会的意義がなければ、と考えていたのです。起業する上で、ここに一番時間がかかりました。実際、何度も書き換え、ああでもない、こうでもない、と頭を悩ませました。ただ、ここを過ぎたら、あとは早かった。手続き等は専門家にお願いしたので、迅速に進みました。何をやるかを考えるのに半年以上かかってしまっていたのに対し、起業の手続きは10月頭に税理士にお願いし、2週間後には定款などもでき、10月24日には登記簿謄本を採ることができました。この手続きのスピーディーさには、会社を作るってこんな簡単なんだ、とちょっと拍子抜けしまったほどでした。

おかげで「やりたいこと」は明確になったものの、逆に経営の際はそこばかりに重きを置いてしまいました。気持ちが先に立ち、何をどうやっていくのか、ということがきちんと整理されていなかった。そのため非常に遠回りになってしまいましたね。

もう一つは「人」に関することです。まず起業を検討する際、見本となるような存在に出会うことができなくて苦労しました。私の身の回りには、起業や経営といったこととは無縁の人ばかり。そのため起業を考えている、というと反対されることも多かったです。家族からは、なんで安定した仕事をしているのにわざわざリスクのあることをするんだ、とも言われました。そこでかなり起業に対するモチベーションが削られました。これは時代もあったのでしょう。今ほど起業する環境が整っておらず、身近な人にとって起業とは遠い出来事だったのかもしれません。ただ、そこで内にこもらず、起業することについて様々な人に話していたことで拓けたこともありました。「こんなことをしたい」と相談することで、「じゃあこの人を紹介するよ」など次々に交友関係が広がっていったのです。起業までの道のりは、こうして広がった人たちに背中を押され、力をもらうことができました。

ただ、実際の経営では、見本となるような人と出会えなかったのが、残念でしたね。実は私が起業する際、知り合いの産業医がやはり起業をすると言っていたのですが、その方も最初はうまく回っていませんでした。その産業医とはちょくちょく意見を交換し、アドバイスなどももらっていたのですが、そのアドバイス通りにやったら、案の定同じように軌道に乗るには時間がかなりかかってしまいました。ここで良い見本となるべき人と出会えていたら、また違っていたのかもしれません。

ただ、この「人」に関する部分では、私自身にも反省すべきところはたくさんあります。特に、他人の力をうまく活用することができていませんでした。これは最初の話にも関わってくるのですが、自分の思い入れが強かった分、何でも自分でこなさなければいけない、と考えてしまったのです。それは見本となる人がいない中、見聞きしたその時々の経営者に話を聞いても、ある人は全部やるのが経営者、ある人は人にやってもらって動かすのが経営者等意見がバラバラであり、それはたまたまその人ができたことであって、経営者たるものののやることの標準ではなかったのです。その結果、どんどん疲弊していき、行き詰まることも多くありました。そして日々の業務に忙殺された結果、自分の立ち位置を客観的に見る目を失ってしまったのです。その結果、さらに会社を発展させるためには新たなトライが必要と考えていたにも関わらず、新しいことに挑戦できない、という悪循環に陥ってしまったのです。経営の現場からちょっと離れた今となっては、人材をうまく活用し、経営者しかできないことに注力できる仕組みを作っていくべきだったと感じています。最近よく見聞きする日本の平均所得年収〇〇万円というテーマですが、年収が夫婦で1000万円を超えている家庭でも、割引のものや最低限の消費しかしていない生活ぶりを聞きました。その人は子供の将来の学費のため、家のローンのため節約することばかりでちっとも生活はよくならないと言っていました。これを聞き、自分がはまっていた感覚はまさにこれではないかと感じたのです。何があるかわからないから?、できるだけお金は使わないという感覚。特に経営者は目指しているものを達成するためには借金してでも頑張って果敢に行動します。

しかし、果敢に行動するにも条件がそろわなければ、戦うことも難しくなります。その戦う条件とは、企業としては人材と目指していく意志、家庭であれば家族とやっていく意思です。そこで初めてお金の問題をクリアすればいいのです。もしこの夫婦が子供を将来この仕事に就かせたいという希望があってそれにはこれだけの教育費がかかる、逆算すると収入はこれだけ必要になる、だからその収入を得るための仕事を選択する、もしくは起業も視野に入れる。しかし、私がやってきたやり方やこの夫婦、収入（もしくは売上）を増やす根本的な解決策には手を出さず、出ていくことを減らす行動で改善していくことが中心になっている。これでは、いつまでたっても奇跡を祈っているだけと一緒です。もっとも優先すべきこと、もっとも大事なことを洗い出し、それが達成できる内容に組み直すことが一番必要なことです。ある範囲でやることはその範囲でしか結果は出ません。行動の方向性や内容を変えない限り、悪循環は絶ち切れません。だから、方向転換（私の場合は会社売却）なのです。昔から成功した経営者の紆余曲折で語られることとしては、諦めなかったから成功したと聞きます。確かにやり続ける限り成功には近づきます。しかし、現在の日本の状況、デフレマインドでは、日本の隅々までデフレ構造が浸透しており、昔とは環境が違いすぎます。巻き返しを図るためにやり続けることが成功への真理ではなくなっているのです。諦めないことは大切ですが、やり方を変えることも必要な条件だと私は感じています。特に、非常に真面目な人には言えることかと思います。

起業し、数々のトラブルに直面し、それを乗り越えてきた。その経験は私にとって何にも代えがたい宝になっています。ただ、ここで得た教訓や学んだことを自分一人にとどめておいては宝の持ち腐れではないでしょうか。この経験は、これから起業を志す人にとってとても役立つことではないか、そう考えたのです。そこで実体験を元に、そこで得た経験やノウハウを伝えることで、起業を志す人を応援し、支援していくことが、私の次に選ぶべき道ではないか。そう思い新たなキャリアを築いていきたいと考えています。

第五章

アイデア、チャンスに出会うために

【1】世の中の流れから見えてくるもの

ここまでで起業について様々なことを見てきました。第一章では起業全般について、2章では失敗から学ぶ重要性について、第三章では起業で必要なこと、そして4章では私の起業した経験について述べさせてもらいました。そこで最後の第五章では、この本を手に取っていただいた方が、実際どんな事業を行い、起業を目指すべきか、それを見つけるためのヒントについてみていきたいと思います。

起業するために最も重要なことは、どんな事業を行うべきか、ということです。中には、一国一城の主になりたい、そのためにどんな事業でもいいから起業したい、という人もいるかもしれません。ただ、自分に合わない事業で起業した場合、やはり成功は難しいでしょう。起業は企業に雇用されて働くのと異なり、自分がどれだけのパワーを注ぎ込めるか、によってその成否が変わってきます。時には、正解が見えず、手探り状態が延々と続きます。それは非常に辛く、終わりの見えない中、全力疾走を続けるような場面も。起業してすぐに大金を稼ぎ、華やかな生活に変わる、という人はほんの一握り。99%の人は、そうした経験を持っていると思います。

そこで重要になってくるのが、自分がその事業について「思い入れ」を持つことができるかどうか、です。

その事業で成功を目指し、どこまで努力できるか。その指標がこの「思い入れ」なのです。好きなことを仕事にすると成功しない、という言葉もありますが、嫌々やることで成功を目指すことは基本的には難しいでしょう。つまり、自分がやりたいことをどのようにして事業の中で実現できるか、を考えることが起業への第一歩といえるかもしれません。一方で、自分のやりたいことだけをやる、というのは趣味にすぎません。そこに収益性を考え、事業として成立させなければいけないのです。

また、世の中の流れをしっかり把握する、ということが重要です。

これは私の反省からも来ています。私は自分のやりたいこと、できること、などをうまく区別することができず、収益性を後回しにしてしまいました。その結果、余計な苦労を背負った場面も多かったですね。一方で、曲がりなりにも起業して会社を存続させ、さらにはうまく売却できたのは、世の中の流れをうまくつかむことができたからだと思います。特定保健指導の制度が始まり、企業での特定保健指導などのニーズが高まり、それを社会が求めていた、という背景があるのです。

こうした社会の要請に応えるような起業は、一場面で苦しいことがあっても、価格設定や訴求方法などを大きく見誤らない限り、全体を通してみると着実に成長を続けることができるでしょう。反対に、世の中の流れに逆らうような起業は、最初は勢いで成長できても、逆らい続けるパワーを維持できず、いずれは力尽きてしまいます。戦後、いくつもの大企業が日本の経済をリードしてきました。そのいずれもが世の中の流れをうまく把握し、それに乗り、さらに流れを作り出すに至ったのです。起業してすぐの段階では、世の中の流れを生み出す、というのは不可能に近いでしょう。つまり、起業はいかに世の中の流れに乗ることができるか、というのも成功を目指すうえで重要な要素なのです。

この世の中の流れを知るには、自分自身のアンテナを張り巡らせ、感度を高めていくしかありません。職人型の、技術だけ突き詰めてその腕だけで仕事が舞い込んでくる、というような一人で出来る事業でない限り、この情報をキャッチする能力が求められます。これは何も、経済ニュースを常にチェックしておかなければいけない、ということではありません。例えば、自分の住んでいる町内にどんな人が多いのか、その人たちはどんな趣味嗜好を持っていて、どんなことにお金を使うのか、などでもいいのです。ネットでどんなことが話題になっていて、テレビはどんな俳優に人気があるのか、どこでどんなスィーツが流行っているのか……。一つひとつは起業に結びつかない情報かもしれません。しかしそれらの情報を組み合わせたり、細かく見ていくことで、そこにビジネスチャンスが隠れていることも多いのです。

起業を目指す人はまず、世の中の流れに敏感であること、それが第一の条件ということもできますね。

【2】真似できないことに価値がある

世の中の流れを知ることは、すなわちニーズを知るということです。起業においてそれは非常に重要です。それと同じくらいに重要なことが、真似できないものであるか、ということです。短期的に見るとそこまで重要でないように思えますが、長期的に見ると事業を継続的に成長させるうえで成否を分けるポイントであるといえるでしょう。

どんなに優れたアイデアであっても、時間が経てば陳腐化してしまいます。そして、陳腐化したアイデアで利益を生み出すことができるのであれば、リスクは低いとみなされ、そこに大資本が参入してきます。起業して一気に成長することができるのであれば、陳腐化する前に自分が大きな資本を投下し、大企業の参入を跳ね返すことができるかもしれません。しかし、ほとんどの人にとってそれは非常に難しいでしょう。初期の投資を何万倍、何十万倍、何百万倍にできるビジネスのアイデアは、なかなか生まれてはきません。

そして多くの場合、大企業の参入に対して個人の起業家は太刀打ちすることはできません。これは収益構造を見ればはっきりとわかります。例えば個人の飲食店では、営業利益が5～8％と言われています。これを下回ると、飲食店は徐々に体力が削られ、遠くない未来に廃業となってしまうでしょう。しかしチェーン店では、店舗ごとの利益率はもっと低くても十分に耐えることができます。その理由は、複数で展開することで、リスクを分散することができるからです。もし一つの店舗の利益が2％しかなかったとしても、他の店舗で10％の利益を出せば、トータルでプラスとなる、という計算です。さらに仕入れなどを一括で行ったり、セントラルキッチンなどで下ごしらえをしたものを配送する仕組みを使えば、さらに原価を下げることができます。内装などもフォーマット化することで、初期投資を大幅に減らすことができ、品ぞろえも売上データに基づいて余剰などを減らすことでコストカットを行い、機会損失を防ぐことができます。そうした大資本と正面からぶつかってしまえば、勝つ確率は相当低いでしょう。自分たちの店舗が、利益を８％出さないと経営が厳しくなるところ、大資本はその半分、それどころか他でカバーできれば競合する店舗は、利益などは出さなくても十分に運営することができてしまうのです。

　真似できない価値がある、ということは将来に渡って競合の参入を防ぐことができるのです。そのため短期的に見て利益率が多少低かったとしても、長期的に見たら十分に投資する価値があると判断することができます。

この「真似できない価値」は、参入障壁と言いかえることもできるでしょう。私が運営した会社では、資格ですね。保健師という資格は看護師の資格を取得した上で、さらに勉強しなければ取得することができません。つまり取得するまで何年も時間がかかり、しっかりとしたサービスを提供するためにはさらに何年も経験を積まなければなりません。看護師自体が人手不足と言われる中で、さらに保健師の資格を持つ人をたくさん集めるのは、不可能ではないですがやはり難しいでしょう。大企業が簡単に参入することができず、真似しようと思ったら数年前からしっかりと準備しなければならないのです。

ただ、この真似できない価値、というものはそこまで難しく考える必要はありません。どこに重点を置くか、などを考えることで見出すこともできます。あなたがこれまで運送などに携わっていて、トラックの運転手などに便宜を図ってもらえる、などがあればそれは他では真似できない「価値」です。その人たちに協力してもらって、他の荷物を配送してもある時にちょっと立ち寄って自分の荷物を預けることができれば、そこでコストなどを浮かすことができます。その浮いたコストを他に投資できる、というのは大きなアドバンテージであり、真似できないことなのです。こうした他が真似できないことを見つけ、積み重ねていくことで、どこにも負けない事業へと育てていくことができるのです。

【3】日々の生活、仕事の延長線から見えてくるもの

こうした世の中の流れや、真似できない価値などは、机の上で頭をひねっていてもなかなか見つからないものです。逆に、普段の生活の中で、ちょっと意識をするだけで見つかる場合も有ります。特に真似できない価値などは、その人がこれまでどんな人生を歩んできたか、ということにも密接にかかわってきます。

まったく同じ人生を歩む人はいません。多かれ少なかれ、その人の人生は他の人の人生には無いものが必ずあるのです。それをビジネスと結びつけることができるかどうか。それが起業の成否を分けるのです。

だからこそ私が「起業をしたい、でもどんなことをやればいいのかわからない」と相談を受けた際まずやってもらうことが、人生の棚卸です。これは頭の中で考えるだけで

なく、実際に書き出して、一つひとつ丁寧にチェックしてもらいたいですね。まずは年表形式でも、箇条書きでもいいので、どんな経験をしたか、そこでどんなものを得られたか、それを書き出した上で、事業と結びつけることができるか、を考えていくのです。

特に社会人になってから得たような人脈や、携わった業務などは、丁寧に図式化してもいいかもしれません。それを自分なりに発展させたり、改良させることで、新たなビジネスチャンスがないか、と探していくのです。

よく、真似できない価値を作りましょう、というと何もないところから新たなものを生み出そうと頭をひねる人がいます。しかし世の中のほとんどのものは、既存のものを改良したり、発展させたり、組み合わせたりすることから生まれています。まっさらな状態、ゼロからイチを生み出すことができるのは、ごく一部の限られた人だけ。さらにそれを事業と結びつけ、成功できるのは、これまでの歴史の中でも数名しかいないでしょう。ほとんどの成功している人は、日々の生活の中、仕事の延長線上の中からビジネスチャンスを見つけ出し、そのチャンスをつかんだ人たちなのです。

もちろん漫然と日々を過ごしていては、チャンスを見つけることはできません。単純に時間が過ぎていくだけです。しかしちょっと意識を変えるだけで、様々なアイデアが転がっていることに気づくでしょう。ある成功した起業家の方は「山手線に乗っているときスマホばかり見ていてはもったいない」と話していました。その人は、走る電車の窓から景色を眺め、どんな看板が多いのか、どこが開発されているのか、どんな人たちがどんな顔で、どんな服装で電車を乗り降りしているのか、などを観察しているそうです。そうした様々な情報の中にビジネスのアイデアが埋もれている、と言っていました。

起業を目指す人こそ、それとは一見関係ないような日々の生活を丁寧に送っていただきたいですね。それこそが新しいアイデアに結びつくこともあるのです。

【4】起業を目指すなら精神的に自律を

ここまでで様々な「起業で成功するために必要なこと」を考えてきましたが、一つ触れておきたいのが「自律」です。自立ではなく自律、です。自らを律する、これはセルフコントロールということです。

会社員は会社の方針に従い、誰かの指示を受け、それを実行することで賃金が発生します。自由度の高い営業などの職であっても、所属する会社の事業を外れた商品を売ることはできません。これは組織に属する以上、当然のことといえるでしょう。しかし起業をする、ということはこうした括りは一切ありません。自分が判断し、決断し、そして実行していく。それを誰かに強要されることはありません。やらなかったとしても誰も文句は言いません。しかしその結果がダイレクトに自分に返ってきます。判断が甘ければ後れを取り、決断に迷えば会社としての統制が取れなくなり、実行しなければ利益を生み出すことはできず、結果起業は失敗に終わることになります。だからこそ起業をする人は、自分を律していかなければならないのです。

ただ、起業すればいきなりできる、というものではありません。怒りっぽい人が起業したからといってすぐに穏やかな性格になるわけではありませんし、普段から怠けている人が自分の会社だからがんばれる、というものではないのです。それが出来るようになるまでには、意識しながら日々暮らし、徐々に身に付けていくしかありません。だからこそ起業を目指す人は、まず自分を律する、というところから始めていただきたいですね。

先ほど、日々の生活や仕事の延長線の中に様々なアイデアが隠れている、ということを説明しました。これは意識しながら見ていかなければわからないこと。ただ、意識し続ける、ということは意外と難しいのです。これができるかどうかというのは、すなわち自分を律することができるかどうか、ということでもあります。

また、嫌な話ですが、起業して自分の会社となれば、不正はかなりやりやすく、バレにくいものです。小規模事業者の場合は税務署の目も行き届きにくく、面倒だからとどんぶり勘定であっても、しっかりと確定申告さえしていれば、その時点ではそこまで問題にならないかもしれません。しかしこうしたことを繰り返せば、どんどんリスクは高まっていきます。そしてそのリスクがはじけた時、一気に何もかも失ってしまうのです。

周りを見ていて、着実に成長している企業の経営者は、そこの部分でしっかりしている人が多いですね。従業員の労働時間はしっかりと守っていたり、会計なども一つひとつ細かくチェックしています。逆に、いつまで経っても成長せず、いつの間にか廃業している経営者のところは、その辺がとても杜撰なところが多いです。起業したばかりだから、など自らに言い訳をして従業員に過重な労働を強いたり、会社のお金と自分の財布の区別をつけていなかったり……。自分を律することができない人は、どこまで行っても律することはできません。

なぜ自律がここまで成否を分けるのか。なぜなら自律できる人は、リスクの管理が上手いからです。起業にリスクはつきものです。特に起業したての頃は、資金繰りの状況が厳しいところも多く、なかなか選択と集中ができない人も多いのではないでしょうか。その中で、リスクをとって勝負しなければいけない場面も出てきます。そうした際、自分を律することができない人は、小さなリスクにばかり目を奪われ、勝負のタイミングを逃したり、逆に大きなリスクに対しそれをしっかりと把握できず、大きな失敗をしてしまうことも。また、一度成功したことを忘れられず常に大きなリスクを背負い続け、それがいつかはじけてしまう、といったことも。自分をコントロールできず、判断を見失う。これを防ぐためには、常に客観的に自分を見つめていくほかありません。

自分はこれでいいのか、間違ってはいないだろうか、内省的になり過ぎず、かといって無自覚であってはならない。言葉にすればたやすいですが、このバランスを保ち続けるのはかなり意識しなければできないことです。

ただ、これらは自覚さえすれば、時間こそかかりますが着実に身に付けることができる「スキル」でもあります。起業を目指す人は、ぜひ意識して身に付けてみてください。

【5】人生に起業という選択肢を

最後に、起業する人だけでなく、多くの人に知ってもらいたいのが選択肢を持つ、ということです。人生において様々な選択肢があります。しかしその多くは選択肢があることも意識されることなく、なんとなく皆と同じ方向に進むのが当たり前、と考える人が多いのではないでしょうか。そもそも選択肢がある、ということすら知らない人もいます。それでは自分の可能性を一つ消してしまいます。

本当だったら、もっとこんなことをしてみたかった。こんなことにもチャレンジしてみたかった。
そんな思いを抱いている人もいるでしょう。ただ、選択肢があることを知らないばかりに見えてこなかった可能性。それに気づくだけで、人生が拓けることもあるのです。そうした選択肢の一つが起業です。だから、すべての人に起業を進めるわけではありません。実際、これまで何人か起業の相談をしてきた人に対し「あなたは起業には向いていないので、別の道を探したほうが良い」とアドバイスをしたこともあります。逆に、起業という選択肢を知らないことで、大きく遠回りをしてしまっている人もいるのです。起業とは選択肢の一つでしかありません。起業とはあくまでも、人生を豊かにするための答えではなく、あくまで選択肢です。ただ、起業することで、自分で自分の人生をコントロールすることができます。私の場合、企業に縛られず、自分のやりたいことをビジネスとして形にしたい、という方向であればその思いの先に起業があったのです。

起業で成功するには、確かに強い思いが必要ですし、多くの時間を割かなければいけない場面もあるでしょう。ただ、近年ではそのハードルはどんどん下がっています。ITをうまく使ったり、専門家を活用するなどすれば、その負担を大きく減らすことができます。例えば実際私が起業した15年以上前は、ホームページ作成は100万円単位が主流で、起業直後にやや低めになって100万円を切るくらいでしたが、今では無料で作成できるしかもソースコードもしらなくて作れる便利なものがそろっています。グーグル（google）サイトやペライチなどが代表的なものです。経理業務もシステムが簡単なものが出てきて専門家に依頼するにも最小限の内容で依頼できるまで自分でやれるものが増えました。銀行口座開設もインターネットバンキングを利用するとかなり手続きが簡略化され、口座開設の審査のハードルも下がってきています。様々なものが昔より費用も安くやりやすくなっているのです。そのため、人生を賭けて起業する、というだけでなく会社員をやりながら起業する、家庭で子育てをしながら起業する、老後の生き甲斐のために起業する、など様々な形の起業家が生まれてきています。

そうしたことを知ること、それが人生を豊かにするための一歩にもつながっているかもしれません。あなたの人生に起業という選択肢を加えることで、視野を広げてみる。それだけで日々の暮らしの中、より充実した時間を過ごすことができるのではないでしょうか。最後にこんな事例をお話しして終わりたいと思います。昔、実際に高学歴ワーキングプアの方の相談に乗ったことがあります。立場としては大学の非常勤なので、アルバイト先を探していたときに知り合いました。収入が安定せず、家では母親の介護もしている。在宅介護を利用するにも家族が同居しているとサービスは受けられない。そのような状況で困りに困っての相談だったのです。

私がお話ししたことは、もっともあなたにとって優先すべき事柄を1つだけ挙げてください、即答しなくても結構ですと質問しました。次の面談では、その自分として考えてきた答えを聞きました。その方は大学の講師をもっとも重要であるとのことで、それであれば勇気をもって親と別居してくださいそうしたら介護サービスも入れますからと言いました。言われた本人は真っ青になりました、大事な親を見捨てるのかということです。そうです、アドバイスする方も真剣です。捉え方を誤れば面談は口論にまで発展してしまいます。しかし、専門家なのでそこまで話をします、最も大事なのは相談者の悩みを解決していける方向に仕向けることだからです。私はその人の専門家なのです。その後、3回目となる面談にて、親との別居を決めて諸々手続きをしているとのことでした。本人の決断力にとても敬意を示しました。

この方の場合は、介護問題をまずは切り離すことで解決しましたが、もしこの非常勤講師の収入がもっとお粗末なものであれば、そこに切り込む必要があります。こういう方こそ、実は起業の選択肢を持つべきです。人に教えることは好きで、得意である、そういう人は既に教えることが不得意の方からすると一歩抜きんでていることになり、それが立派なサービスとなり得るのです。仕事も大事、親の介護も大事、両方何とか解決したいという事象があれば、選択肢を広げることで解決への道が開けることもある、そう考えると真面目な性格で辛抱強く苦行をやり続けている人には特にお勧めかもしれません。

おわりに

起業について様々な情報を書きましたが、みなさんはどのように感じたでしょうか？考えなければいけないことが多すぎる。自分では成功できないのではないか。そう感じてしまった人も多いかもしれません。しかしそこまで難しく考えなくても大丈夫です。重要なのは、リスクとスピードのバランスと、情報への感度です。

本文中にも書きましたが、起業はタイミングも重要です。良いアイデアがあっても、時間と共に陳腐化してしまいます。何かブームがあって、それを追随するように起業しても、多くの場合うまくいきません。ブームが起きたタイミングでは遅いのです。テレビなどのメディアで「これが今ブーム」と取り上げられるようになるころには、ピークを過ぎていることがほとんどです。しかし良い情報に飛びつき、慎重さを欠けば、採算の取れないビジネスモデルになってしまったり、ひどい時には騙されてしまう、といったことも。しっかりリスクは把握しつつ、他の人より一歩先を行くことが必要です。

同時に、世の中の流れをしっかり把握していなければなりません。

それが情報の「感度」です。これはタイミングにも関わってきますが、それだけではありません。例えば近年、経営をめぐる世の中の目は厳しくなっています。過重労働やクレーム対応などは、一昔前とはまったく状況が異なっています。これを間違えてしまうと、大企業であっても経営危機に直結する事態になりかねません。ましてや起業してすぐのタイミングでは、あっという間に行き詰まってしまうでしょう。世の中が何を求めているのか、はビジネスのアイデアにもつながりますし、リスクを管理するという点でも重要なのです。


そして最後に付け加えるのなら、どのような結果を目指すか、ということです。

多くのプロジェクトなどで出口戦略の重要性が認識されています。どのように着地させるか、というのはどのように売り上げを挙げるのか、利益を出すのか、と同じくらい重要となっています。どんなに優れたビジネスモデルでも、必ずピークがあります。あらかじめどのように着地するのか決めておくと、選択できる幅が広がるのです。しかし起業においてこの出口戦略を教えてくれるビジネス書などはほとんどありません。私は幸いにして、うまく企業売却という選択で、次へのステップに進むことができました。しかしこうした選択ができることを認識できず、将来性の少なくなったビジネスからうまく方向転換できない人も多いのです。

こうした知識は知っているか、知らないかで、大きな差になって現れてきます。

また、企業売却してから更に経営者としての気づきも増えています。世の中の経済、お金の流れを改めて俯瞰する余裕ができて、勉強に次ぐ勉強を日々重ねている中で、"経営者が借金をして事業を推進していく意味"を痛烈に感じています。自分が15年も経営できたのは、1つは金融機関さんと足並みをそろえてやってきたことであり、それがなければ大変過ぎてさっさと辞めていたかもしれません。しかしやり続けること、それを応援してくれる人や金融機関、公的機関などがいたからこそ、やってこられた、これが正に経済の中の経営者の役割ではないでしょうか。日本は債務通貨方式なので誰かが借金しないと市場にお金が回らない仕組みになっています。民間の筆頭は経営者です。従業員やその家族にお金を流すのは経営者、そして潤沢に流すには事業を継続していく潤滑油としての資金を金融機関などから借り入れて、皆で一丸となって返していくのです。

その決意をもって、断行していくのが経営者そのものなのです。今後、こうした経験から得た知見を、起業を志す人たちに伝えていきたいと考えています。本書が起業を目指す方の一助にでもなれば幸いです。

プロフィール

井谷 衣里（いたに・えり）

気持ちの整理家
合同会社ブライトシーン　代表社員
健康経営EXアドバイザー　保健師・看護師　救急救命士　養護教諭　資格保持

埼玉県越谷市出身
働き者のサラリーマンの父と専業主婦の母の愛情いっぱいの両親の元、２人姉妹の末っ子として育つ。

女子高時代は生徒会活動に没頭し会長職を務める。生徒の自主性、活気に満ちた生徒会づくりに奔走し、当時70年以上変わることがなかった制服のモデルチェンジのきっかけを作る。

　卒業生代表として答辞を担い、学園の歴史残る名答辞と評価されている。


正看護師取得後大学病院に勤務し、“どうしてこうなるまでになんとかできなかったのか”悪くなってから現れる患者たちを見て、予防の世界に進む決心をし、臨床現場から社会活動へと保健師を目指し順天堂医療短期大学へ進学。

保健師資格取得後は、富士銀行、ブリヂストンなど大手企業の健康管理センター、伊豆諸島御蔵島役場の地域保健活動に従事。

企業勤務時は、社長室腹切り事件、従業員の自殺による労基署の一斉家宅捜索等の現場の第一線で対応し、メンタルヘルスを根本から考えさせられる出来事が重なり、嵐を呼ぶ女と言われるようになる。“どうしてこうなるまでに至ったのか、なんとかできなかったのか”この思いで必死に労働者の就労人生を支えることに力を注ぐ。

医療現場、大手企業から地域生活まで幅広い保健師活動の経験をもち、保健指導は２万人に及ぶ。


企業勤務時、離職率98％から2.4％にまで激減させた実績があり、そこで保健師活動の神髄を発見。組織に身を置いての仕事に限界を感じ独立。

2006年10月、保健事業専門の「ほけんし株式会社」を設立。代表取締役就任。


大手ライバル会社多数の中で、最速の意思決定、自由な発想でフットワークある保健相談活動を展開している。

医療保険者加入者数十万人の自治体等からの生活習慣病セミナー、メンタルヘルスセミナーの受注多数、講演会の依頼も多く好評を得ている。

特に個別面談では、自身の経験を活かした傾聴で、「井谷さんに話を聞いてもらいたい」という指名リクエストが後を絶たない。


2021年12月、「ほけんし株式会社」株式譲渡および会社売却、代表取締役退任。

2020年１月　人材サービス専門の「合同会社ブライトシーン」設立。代表社員就任、現職。

あなたに合った起業が分かる教科書
ロスジェネ世代の逆転起業法

2023年9月7日　第1刷発行

著　者　井谷衣里
発行人　山本洋之

発行所　株式会社創藝社
〒160-023 東京都新宿区西新宿7-3-10　21山京ビル504号室
電話: 050-3697-3347

印　刷　中央精版印刷株式会社

落丁・乱丁はお取り替えいたします。
※定価はカバーに表示してあります

©Eri Itani 2023　Printed in Japan
ISBN978-4-88144-268-5　C0034